國高中國文作文應考祕笈

陳碧月　編著

【推薦序】找回寫作的樂趣

張曼娟

長久以來，臺灣學生的能力，都是被考試的比重與評分方式決定的。當大考中心宣布免試作文，學校不教作文；學生不寫作文，不過短短幾年之間，寫作能力全面低落，難以挽救。而後又恢復作文考試，甚至以級分數來決定最後的錄取門檻，一夜之間，坊間出現的作文補習班如雨後春筍。家長都感到驚訝，當年自己當學生的時候，哪裡需要補作文？然而看著孩子們提起筆來不知道該如何開始；不知道該怎麼分段；每段開始要空幾格；所謂的起、承、轉、合是什麼意思？也不免焦慮起來。

各家補習班祭出各式各樣的作文祕笈，得高分的萬靈丹，為的都是要讓學生在考場奪得高分。然而，這只是應試能力，並不是寫作能力。更不要說是寫作樂趣了。

寫作是一種表述力，是與世界溝通的能力，讓自我更充分完整的表現出來，是一種切切實實的存在感。

陳碧月教授是年輕優秀的學者，也是富有魅力的教師，更讓我佩服的是她對世間的熱情與慷慨付出。在學術殿堂裡，很容易固步自封，甚至有隱隱然的優越感，她卻不是這樣的。以三十九歲的年紀，便升上了教授，她付出得更多，到需要她的地方去，為需要的人努力。她在全國性大考的試場閱卷近二十年，累積了許多經驗，摸索出作文的寫作方法，她的眼光從學院望向那些資源缺乏的孩子，希望他們無論在偏鄉或是在離島，都能獲得幫助，這本《國高中國文作文應考祕笈》便在她珍貴的休假期間寫作完成了。

此書收錄了許多國高中生的優秀作品，看他們遊刃有餘的寫出一篇篇精彩的文字，我心中不免要想，在創作的當下，他們應該是很快樂的吧。

陳碧月教授的這本書，也是想要讓寫作成為一種能力，藉著閱讀這些優質作品，在陳教授的提點之下，讓學生發掘自己感興趣的題材，找到寫作時情感飽滿的充實感受。

陳碧月教授以奉獻之心完成此書，囑我作序，故而以虔敬之心完成此序。

自序

我很努力，所以常受到幸運之神的眷顧，三十九歲順利升上教授，前主祕說我是學校最年輕的正教授。因著這樣的幸運，我想必然要將福氣「流」出去——校外有演講邀約，我一定去，將講演費捐出，幫助需要的人；也默默許下心願，若七年後學校能順利讓我休假研究一年，我將完成一件有意義的事。

我開始在家扶中心認養小孩，有個高雄的女孩來信簡介了她單親的家庭，母親做資源回收帶大他們五個小孩，她說她會認真讀書才不辜負我每個月的捐助，在信末說：「陳阿姨，感謝您在我成長過程的幫助，讓我至於不感到孤單（她應該是要說不至於感到孤單）。」看到她笑容燦爛的照片，我竟感到鼻酸。

二〇一四年十月，我開始申請留職留薪休假案，此時身邊很多親友的小孩都在準備各階段的入學考試，常找我修改作文，一篇篇的文章修改下來，我感觸良多：這些孩子都是有資源的，遇到問題有很多管道可找諮詢，可是偏鄉弱勢的孩子呢？我突然悟到，應該編撰一本準備應考作文的書，把自己將近二十年來在全國性大考的閱卷經驗記錄下來，而這些作文都可拿來作為範例。我在心中許了願，若申請案順利通過，除了完成兩篇學術論文外，就可編寫這本有意義的書，出版後捐出版稅，也買書送到偏鄉或相關機關送給需要的孩子，當然還要親自寄送給我認養的女兒。

《牧羊少年奇幻之旅》裡說：「當你真心渴望某件事時，全宇宙都會聯合起來幫助你。」十二月二日學校通知我申請案順利通過了；碩士班同學目前任教於澎湖科大——洪藝芳教授來信要我幫她練習小說創作的女兒提供意見，我正好跟她提起要撰寫本書的計畫，她說她女兒有一些得到高分的作文也可提供給我當範文。兩個星期後，我就收到她幫我打好字的一篇篇從國中到高中的作文寄到我的信箱。還表示屆時也希望能贊助買書為偏鄉、離島和有需要的孩子，盡一份心力。於是，我的第十九本書的書名就在出奇不意中誕生了——《國高中國文作文應考祕笈》。

在本書付梓之際，我要特別感謝無私的官政能副校長，他自己擔任行政工作二十餘年從沒請過休假，卻讓我在教授滿七年就順利休假；當我邀請文學國寶——黃春明老師為本書推薦時，他馬上說：「當然沒問題。」當我請求我的老師——張曼娟教授撥冗為本書寫推薦序時，老師毫不遲疑就答應了；曾接受過多家媒體採訪的「萬通食品」的許茂煌總經理，是我很敬重的長者，白手起家，業務出身，口條流利，當他得知我正在進行本書撰寫時，二話不說就要贊助購書一百本，我知道他曾任嘉義同鄉會總幹事，事業有成後，常回饋鄉里幫助弱勢孩童，現又任「臺灣馬拉松管理協會」的理事長，也參加獅子會，人脈廣闊，助人行善總是跑第一，我很慶幸我的小妹有這樣樂善好施的好公公；還有我的牙醫師，是個熱愛閱讀有品味的醫生，他也表示屆時要上網訂書，我才得知他都定期在幫助孤兒院所的小朋友；還有我親愛的同事——正文和曉雯，我們難得的情誼豐厚了我的生命能量；出版組的雯珊在校對上、教學助理蕭慧琦在文書處理上皆功不可沒，在此一併致上謝意。

近幾年大學開放招收大陸學籍生與短期研修生，我遇到的陸生和臺灣學生相較起來都優秀許多，特別是在語文表達能力，他們在課堂上極力發表意見和看法，比起臺灣學生成熟、自信很多。這讓我更擔憂臺灣學生未來的競爭力。

語文表達能力優異，未來在職場上無往不利。我有很多往往在校語文能力強的學生，出社會後都能在其領域中，不管是做人與做事都如魚得水。有的更遊走於兩岸，以其同文同種之便，提昇並擴大自己的舞臺。

總之，「工欲善其事，必先利其器」，語文是所有學科的基礎，語文能力是各行各業必備的利器，未來要讓年輕人有能力面對全球化的競爭，這是不容小覷的「蝴蝶效應」。

本書收錄了國、高中的作文範例，在「寫作的六大步驟」中也舉了高普考的題目說明審題，深淺適中，適合國、高中同學閱讀；國小高年級以上的同學或也可提早從本書中學習方法；甚至沒打好作文基礎的大學生也可從中得到補救。同學們受限於淺隘的知識基礎與人生閱歷，因此，本書期待能提供一把開啟閱讀與寫作的鑰匙，從中學習實用而有效的作文方法與技巧，以提昇作文能力。

陳碧月　謹識於臺北敦南寓所

二〇一五年七月

目次

寫作六大步驟

第一個步驟 看清楚題目，理解字面的意義

題目是一篇作文中心思想的焦點，所以寫作文章前，一定要先掌握作文題目的核心，因此，「解題」是最重要的第一步，如果連題目都看不清楚，文不對題，絕對只能拿低分。仔細審題——看清楚題目、了解題目的意思、劃定題目的範圍、確定題目的重點——才不會寫出南轅北轍的作文。就如：〈一張舊照片〉就只要針對「一張」照片去敘述，不要多提；〈我最快樂的事〉、〈夏天最棒的享受〉必須掌握「最快樂的」、「最棒的」三個字義；〈為學與做人〉就要將「為學」和「做人」以等同的比重去敘述。

依題目分析

◆〈論慾望〉

要著重「慾望」兩個字的重點和意義，如果只是針對慾望的負面去談縱慾，而忽略了慾望本身從正面的價值意義來看，也是促進小我與大我努力往前的基本動機，如此寫來勢必離題，因此必須從正、反兩面去評論。

◆〈獨享〉

要把握在「獨」自與「享」受這兩個重點。可以寫自己深夜苦讀，獨享夜色寧靜的快樂；可以寫你戴著耳機聽音樂、跑步運動，獨享沿途美景；可以寫你大量閱讀，累積知識，獨享別人拿不走的智慧。所以，這些經驗和體會都必須是快樂的，而不是痛苦、受罪的。

◆〈漂流木的獨白〉

題目都明白說是「獨白」了，就必須把自己想成是漂流木，通過自己是漂流木的內心表白去揭示隱祕的內心世界，充分展示其思想、性格，絕不能有「假若我是漂流木，我就會……」這樣的假設語句出現。

◆〈體諒別人的辛勞〉

在引導說明中：「一天的生活當中，有許多人為我們做許多事，不可能凡事只靠自己。如果能多體諒別人，懂得感謝和寬容，不僅自己覺得快樂，家庭、社會也將會更溫馨和諧。想一想：在你的生活周遭，親長、朋友、社會大眾……哪些人為你付出、為你服務？你應當用什麼樣的心態、行動來面對或回報他們？若他們的付出或服務不能盡如你意時，你又該如何？」所以題目的「辛勞」是「辛苦勞累」的意思，指的是各種「行動」的付出，因此，不能寫「勞心」、「操心」。題目中的「別人」，可以從父母寫起，再從生活中的老師、班上幹部、志工媽媽或指揮交通的警察……等人加以描述，都是比較可以拿到高分的。

◆〈面對未來，我應該具備的能力〉

這個題目要分前、後兩句去審題，時間點很重要，可以從過去和現在的時間論起，才能講到未來，就如同你認為未來應該要具備解決問題的能力、想像創造力、挑戰競爭力、挫折忍耐力、溝通能力、專業技術能力，那麼你在過去做了什麼探索和努力，所以得到現在的認知。

依題型「寬窄」舉例分析

題型分析	舉例
窄題（具體）	〈一次難忘的旅行〉 〈一件紀念品〉 〈如何做個好學生〉 〈我的願望〉 〈讀書的目的〉
寬題（具體＋抽象）	〈路〉 〈十字路口〉 〈人生〉 〈遠方〉 〈談讀書〉

「窄題」是比較具體的，範圍有限，一定要掌握題目所限定的主題範圍，就如〈一次難忘的旅行〉和〈一件紀念品〉，只能針對「那一次」旅行和「那一件」紀念品去敘述說明；〈我的願望〉的侷限就是談「自己」的願望就好；〈如何做個好學生〉就是要具體提出要能成為好學生的方法；至於〈讀書的目的〉就是針對「目的」去談論。所以，就題型來說就是「窄題」。

至於「寬題」則要「具體」描述加上「抽象」敘述才可寫得出深刻，範圍無限。除了表面的寫法以外，還要洞悉題目的內涵。就像〈路〉，可以從你每天走往上學之路具體談起，再談到人生的學習、求知與奮鬥之路；〈十字路口〉，除了具體寫馬路上擁擠的交通、匆忙的行人、街景之外，重點該要談論我們的一生中也會有很多在十字路口徬徨的經驗，像是選擇學校、選擇朋友……等無形的十字路口，我們該要如何選定正確的方向；〈人生〉，可以談論生命有限，你要如何把握你的人生？如何和你的人生賽跑？才能找到人生豐富的價值內涵；〈遠方〉，是個很具想像力的題目，可以描述在努力求學上進的旅途中對「遠方」的遙想與築夢，從中描繪你未來理想的生活以及你所嚮往的生命型態，最後就能總結「遠方」所代表的意義以及要如何趁年輕認真踏穩每一步才能通往「遠方」實現自我；〈談讀書〉，範圍很廣，可以論讀書的樂趣、價值意義與目的。

依型態與特色舉例分析

型態與特色		舉例
單軌型 單一 單純		〈關懷〉 〈談知足〉 〈論禮儀〉 〈仁者無敵〉
雙軌型	並重關係	〈學與思〉 〈學問與品格〉 〈知識與經驗〉 〈精神與物質〉 〈堅持與變通〉 〈服務心與責任感〉 〈讀書甘苦談〉 〈寬與深〉
	因果關係	〈學習與創意〉 〈付出與收穫〉 〈態度決定高度〉 〈勤儉為持家之本〉 〈失敗與成功〉 〈自由與自律〉
	對立關係	〈義與利〉 〈節儉與奢侈〉 〈小勇與大勇〉 〈損友與益友〉 〈君子與小人〉 〈善與惡〉 〈讚美與批評〉

多軌型	〈昨天、今天、明天〉
多層次	〈金錢、榮譽與生命〉
多樣	〈如何提高自己的創造力與競爭力〉
複雜	〈臺灣需要一個相互尊重的社會〉

一、單軌型

作文題目是單一主題，例如：〈關懷〉、〈談知足〉、〈珍惜幸福〉、〈論禮儀〉、〈仁者無敵〉只要針對主題去論述即可。而像〈如何提高自己的創造力與競爭力〉，重點在「如何」，建議可利用「條列式」一點一點列出或者在行文中以「首先」、「其次」、「接著」、「最後」提出方法。

二、雙軌型

這一類型的作文題目是雙主題，又分為「並重關係」、「因果關係」以及「對立關係」。

一看到作文題目我們該如何檢視這個題目屬於以上三種關係的哪一種呢？以〈學與思〉來說，可一一檢視，就可找到合理的「關係」。

並重關係	「學習」重要，「思考」也重要	↓合理
	「學習」不重要，「思考」也不重要	↓不合理
因果關係	要「學習」才能「思考」	↓不符事實
	要「思考」才能「學習」	↓不符事實

對立關係		
	「學習」不好，「思考」才好	→不合理
	「學習」好，「思考」不好	→不合理

（一）並重關係

顧名思義就是兩個一樣重要，所以寫作的重心要注意比重，兩者相當，不可偏頗——「學問」和「品德」；「知識」和「經驗」；「精神」和「物質」；「堅持」和「變通」；「服務心」和「責任感」；「學」和「思」，以上兩兩都是同等重要的，要以等同的分量去布局文章。

再看〈讀書甘苦談〉，這個題目要能寫出讀書時焚膏繼晷的辛苦，同時也要寫出讀書帶給你的知識無價，以及努力過後成績帶給你的成就感的快樂——「甘」與「苦」都要同等論述；而〈寬與深〉這個題目要能寫出廣泛擴大格局吸收知識——「寬」以及像蓋金字塔穩固的底部扎根基礎——「深」，在此快速變化的年代，「寬」與「深」是每個領域必備的能力，兩者缺一不可，必須要以兩者並進的學習方式努力往前。

（二）因果關係

雖說是因果關係，但其實寫作重心要將大部分放在「因」，以〈學習與創意〉、〈付出與收穫〉、〈態度決定高度〉、〈勤儉為持家之本〉、〈失敗與成功〉以及〈自由與自律〉來說，前者的「因」是「果」的重要基礎，所以如何努力認真廣泛地「學習」才會產生「創意」？怎樣不懈怠地「付出」才會有所「收穫」？什麼樣的面對生活的「態度」才能決定你的人生「高度」？該如何「勤儉」才能擁有「持家」的根本與基底？如果沒有屢次的「失敗」跌倒再爬起，哪來的「成功」可言？想要有「自由」，就必須懂得「自律」；不「自律」的人就沒有資格想要得到「自由」。

由以上可知，如果遇到雙軌型的因果關係的題目在布局文章的結構時勢必前面的「因」是要著重去說明與舉例的重點。

（三）對立關係

先分別說明兩者的特性或意義，然後把兩者所造成的結果寫出來，顯現出兩者的不同影響或完全相反的後果，就可以對比出一個是「優」的，一個是「劣」的，並且可以舉例去駁斥「劣」的那一方，強調「優」的那一方。最後結論可以期勉以「優」的一方為學習榜樣，並揚棄「劣」的那一方，如此這篇文章就會議論得有條有理，充分而有力了。

「義」、「節儉」、「大勇」、「君子」、「讚美」、「善」以及「益友」，對立著「利」、「奢侈」、「小勇」、「小人」、「批評」、「惡」以及「損友」，只要區隔出相反的意義，駁斥「劣」的那一方的「非」，就能強調「優」的那一方的「是」。

三、多軌型

「多軌型」也有稱「三項型」，這一類型的題目的寫作手法與雙軌型大同小異，要先理清楚這三者的關係是因果？對立？並重？或者是有兩種關係同時存在？

舉例來說：〈昨天、今天、明天〉，如果「昨天」不努力，就沒有當下的「今天」，「今天」若不認真，也就沒有「明天」可言，所以這三者是息息相關有因果關係的；再看〈金錢、榮譽與生命〉，「金錢」、「榮譽」和「生命」都是每個人生存之必要，但是就人生的價值意義而言，何者才是最重要的呢？這就必須要在文章中定位、釐清，最後總結出：要在有限的寶貴「生命」中以「榮譽」的方法賺取「金錢」，以創造金錢更大的價值。所以，以重要性來說是「榮譽」大於「生命」，「生命」又大於「金錢」，朝著這樣的審題去寫作，就不會偏離方向。

民國九十五年高考三級試題

一九六〇年諾貝爾生醫獎得主梅達華（Peter Medawar）說：一個人只要有好的普通常識與一般的想像力，就可以成為一個有創意的科學家。意思是說：有創造力的人，不一定要很聰明，但是一定要「對某些東西很聰明」。美國多元智能（Multiple Intelligences）的提出者迦納（Dr. Howard Gardner）也說：智慧是一種處理訊息的生理與心理潛能，這種潛能在某種文化環境下，被引發去解決問題或創造該文化所重視的作品。試以「如何提高自己的創造力與競爭力」為題，加以論述，文長不限。

〈如何提高自己的創造力與競爭力〉這個題目從「如何」兩字看來像是「窄題」，就是提出方法、計畫和願望加以說明；可是題目後面又出現「創造力與競爭力」，又成了「雙軌型」的「並重關係」，但仔細審題，裡面還提到了「常識」和「智慧」，層次就變廣了，所以應該是屬於「多軌型」。

文章中應該論及大量的閱讀，累積寬廣的知識；美學、藝術涵養的培育；透過多元教育培養獨立思考和解決問題的能力，這些都是在二十一世紀快速進步的時代要累積創造力與競爭力的基礎。國家必須要有不同領域出類拔萃的創新人才，競爭力才有可能提昇。

民國九十七年高考三級試題

生活水準高低與否，除了以物質生活為衡量標準外，更重要的，還要視日常生活是否過得有尊嚴而定。臺灣的社會，物質生活堪稱富裕，生活的尊嚴，尚有很大改善空間，因為在生活環境中，受到輕侮、不被尊重的事，屢見不鮮。例如，上車插隊搶位子；行車搶道，不但不重視自己生命，也不尊重別人生命；在公共場所交談，沒有輕聲細語，無視他人存在；在問政或言語溝通上，充斥語言暴力，不留口德。這些點點滴滴的行為和生活習慣，充分顯示臺灣需要一個謙讓有禮、互相尊重的社會，以提昇國人的生活水準。請您以「臺灣需要一個相互尊重的社會」為題，闡述您的見解。

〈臺灣需要一個相互尊重的社會〉題目乍看之下雖然像是「單軌」，但加上引導文字的說明，指出許多負面的社會現實亂象——搶車道、不尊重行人、公共場所大聲咆哮、問政充斥語言暴力——其內容的多樣及複雜性，又使文章變成多層次的「多軌」。因此，文章可從負面現象舉例論說，再導引出臺灣需要怎樣的互相尊重的社會，而這樣的和諧社會才能提供全國人民更好的生活品質與幸福感。

第二個步驟　決定主旨

認清題目的意義之後，第二個步驟就要決定寫作這篇文章的主要目的，才能掌握全篇文章所要表達的意思，也就是所謂的「立意」。確立作文的主旨，決定好寫作的中心思想，針對中心思想來寫作，整篇文章才能統一，後續選取材料有所依據，內容才能切題。文章的精義才能被發掘。因為中心思想不同，寫出來的文章就會不同。

以〈美味記憶〉舉例來說，若你要寫和同學在夏天一起去喝飲料，不如寫在你苦讀準備考試的寒冷夜晚，母親為妳煮一碗熱騰騰的麵，因為前者表達出來的意義絕無法比後者來得深刻，寫出來也會是截然不同的文章，所以決定主旨是相當重要的。

感謝

澎湖．文光國中一年級．康維真

「感謝」是每個人一輩子必做的功課。若一個人的心中充滿感謝，他的心靈將會很富足；反之，若一個人心目中認為自己很高尚，是世界上第一偉人，那麼即使他擁有許多錢，但他的心靈卻是空虛的，即是大家所說的：「窮得只剩下錢」，那是多麼可憐的事呀！

我感謝上帝，讓我來到世界上，無論是苦、是甜，是辣、是酸，都是學習，都是幸福，都要心存感謝。我們要感謝的人、事、物實在是太多了，每天，當我們還沉浸在夢鄉，有人卻已在晨曦微現的曙光中，為我們準備早餐；早上換上制服，那細緻柔軟的布，完美無缺的車線，都是許多人用「手」和「心」完成的；當我們吃三餐時，那每一粒飽滿的稻米，都是農人們在豔陽高照之下，用如雨的汗水換來的；上下學有交通警察指揮交通、清道夫打掃大街、清潔人員做回收……等。從我們每天尚未睜開雙眼之前，到睜開眼睛，到晚上闔上雙眼，都有無數無數的人在為我們付出，這就是所謂：「一日之所需，百工斯為備。」

感謝，可以把每個人的心連繫在一起，家父在澎湖當醫生，我非常佩服父親能和青少年做朋友，和老人家當父子……。那是因為爸爸的心中常懷著感恩之心。爸爸常說：「雖然我是醫生，但如果要我去做農人或做漁夫要做的事，他們一定比我厲害千百倍。如果沒有農人，哪來的稻米；如果沒有漁夫，哪來鮮美的魚湯？」父親的這段話，一直是我的座右銘，讓我深切體悟人生的哲理。

每個人都是掘井人，而享受甘甜井水的我們，都應該心存感念，這樣才能讓世界更美好，更溫暖，更是陽光眷戀的淨土。

一〇二年學測作文題目

曾永義〈愉快人間〉說：「為了『人間愉快』，就要『人間處處開心眼』，就要具備擔荷、化解、包容、觀賞等四種能力，達成『蓮花步步生』的境界。」這是一段充滿生命智慧的哲思。「人間愉快」，可以是敞開心胸、放寬眼界的自得；可以是承擔責任、化解問題的喜悅；可以是對周遭事物的諒解和包容；可以是觀照生活情趣的藝術；也可以是……。請根據親身感受或所見所聞，以「人間愉快」為題，寫一篇完整的文章，記敘、抒情、議論皆可，文長不限。

人間愉快

臺北．南湖高中二年級．黃鈺倫

生命是一趟漫長的旅程，途中有美不勝收的宜人風景，我們要以一雙欣賞的眼睛，捕捉「人間」每一個動人心弦的畫面；同時也要懷抱著樂觀的態度，知福惜福，福氣也就會永遠「愉快」相隨。

從這篇文章可知，作者決定的中心思想是要從對身邊陌生的和熟悉的人的「感謝」去表達主旨。作者先以「一日之所需，百工斯為備」講述一天從早到晚的食衣住行對陌生人的感謝，接著書寫從行醫的父親身上的感謝與學習。全篇文章「立意」明確，清楚表達其精髓所在。

「旅行」，讓我閱讀世界這本豐富多彩的書，藉由旅行我也能更加了解自己，並獲得再次出發的能量。在升上高中的暑假，我拜訪歐洲的世外桃源——克羅埃西亞，在這趟旅途中有許多令人嘆為觀止的名勝古蹟。亞德里亞海最古老的城市——斯賓尼克，有座巧奪天工的「聖雅各大教堂」，在興建這座教堂前，這裡只是默默無聞的小城，居民們為了讓斯賓尼克出頭天，不讓其他城市專美於前，於是興起蓋一座特別的教堂的念頭。從政府、主教到專業人士和平民百姓，上下一心，全力打造這座世界上最大的一座完全用岩石打造的教堂，當中沒有用到一塊磚塊或木頭去支撐聖雅各大教堂，二〇〇〇年被名列為人類珍貴的世界遺產；而在札達爾的羅馬廣場有個十五公尺高的羞恥之柱——當時的罪犯被手鐐腳銬鍊在石柱上好幾天，受到眾人的唾棄羞辱，也像在訴說著一段段的歷史；首都有間「分手博物館」最令我印象深刻，博物館內陳列五花八門的分手紀念品，每個紀念品都隱藏著一則則感人肺腑的故事，參觀博物館後，我頓悟到悲傷也

作者決定立意的重心在「旅行」和「感恩之心」，藉由這兩個層次可以「人間愉快」，所以，在第一段就點出來——「生命是一趟漫長的旅程，途中有美不勝收的宜人風景，我們要以一雙欣賞的眼睛，捕捉『人間』每一個動人心弦的畫面；同時也要懷抱著樂觀的態度，知福惜福，福氣也就會永遠『愉快』相隨。」；

可以是件好事，每個成長歷程和經驗都有正面的意義，帶給我們向上的力量。旅行讓我感受人間的愉快，把我的生命之書彩繪得五彩繽紛。

「感恩之心」是生命強而有力的能量，其中包括了謙遜、覺察和智慧，同時也和幸福亦步亦趨。人類是群居的動物，從我們呱呱墜地的那一刻起，便與其他人產生了連結，我們要與他人合作互助，搭築通往彼此的橋梁，當我們懷著感恩的心，知足常樂，和煦的陽光會照亮自己與他人的心房，白鴿會在自己與他人之間翱翔，傳遞愛的訊息。

透過旅行，擴大自己的格局，懂得知福惜福，懷著感恩的心，人間的愉快將會充滿我們的生命，生命將會綻放葳蕤繁花。

接著第二、三段分論「旅行」和「感恩之心」，最後再精要總結。

因此，只要先確立好主旨，就已經有機會寫出一篇好文章。

第三個步驟　辨明與決定文體

認清楚題目的性質，決定應該要以何種文章的體裁寫作最為適合發揮。文體共分四種：

記敘文——以記事和敘述為主，是記述文和敘述文的合稱。

抒情文——抒發內心情感。

論說文——說明文和議論文的合稱。

應用文——有特定的格式與習慣的稱謂等專門用語。如公文、書信、啟事、布告和日記等。

決定文體，要依照題目的性質作決定，例如題目是〈回憶〉就用抒情文體去寫作；題目是〈春遊記趣〉可以用記敘文體去寫作；題目是〈照片〉可以用記敘文體或記敘兼抒情文體去寫作；題目是〈知識就是力量〉那就以採用論說文體去寫是最好的。

不過，有些題目可能可以選擇不同的體裁去表現，那麼就可按照自己的專長，選擇自己比較擅長的文體去發揮；可是如果很明顯的該題目只能用一種文體寫作時，就必須按照該文體的方式去寫作。

以下從記敘文、抒情文和論說文各舉一範例加以說明。

記敘文：著重在事實的記敘

我看電視廣告

澎湖・文光國中一年級・康維真

每一個電視廣告，都像一把無形的鈎子。好的電視廣告，可以勾起人們善良、感性的一面；相反的，壞的廣告卻會勾起人們貪婪、奢侈的一面。

好的廣告，可以讓親情加溫，讓視野開闊。像「母親的勇氣」這則廣告，敘述一位完全不懂外語、從未出國的老婦人，為了到國外幫女兒坐月子，單槍匹馬，經歷了一場冒險的旅程，最後終於如願以償。像這樣感人肺腑的廣告，可以讓人體會到「母愛」就如同熊熊的烈火，不管天涯海角，總能帶給子女溫暖、熔化種種的困難。

相反的，不好的廣告，就像包著糖衣的毒藥，人們會受到廣告外表的迷惑，而在不知不覺中走入黑暗。像減肥藥的廣告，透過影像剪接的手法，把肥胖的體型，變成阿娜多姿的身材，來誇大減肥藥的效果。因為廣告抓住了肥胖者想要快速減肥的心理，讓他們很自然的服用了減肥藥。結果卻產生了副作用，也賠上了健康。

電視廣告，對人們的影響是全方位的。然而，因為電視廣告良莠不齊，所以最重要的是我們要懂得判斷，以免掉入電視廣告的溫柔陷阱中，永遠無法掙脫。

抒情文：要感性書寫，善用修辭流露真情，才能帶出美感。

同學的畫像

澎湖．文光國中一年級．康維真

人與人的緣分，誰知道呢？緣分到來時，應該好好把握！國中生活的同學，因緣分而齊聚一堂，他們各個身懷絕技，特別是愛搞笑的蕾蕾、令人又氣又愛的玉琦，豐富了我每天的學校生活。

蕾蕾是班上的領導者，也是班上的康樂股長，在嚴肅、正式的場合上，她是最嚴格的糾察隊長，讓每個人都肅然起敬，心甘情願的遵守規定，服從指令。可是一離開「戰場」，蕾蕾的嘴就笑開了，不但編出一堆笑死人不償命的笑話來，讓全班哄堂大笑，更經常鼓勵同學參加既有趣又有意義的活動，把全班的氣氛帶到最高潮，也因為如此，大家對她的指令，總是心服口服，沒有絲毫的抗拒之意。

玉琦，可是讓大家痛恨至極，又愛到心坎底。因為玉琦經常迷迷糊糊的。好幾次全班都快要將事情完成了，她才說：「你們在做什麼啊？」這時大家只能以又無奈、又好氣、又好笑的眼神看著她。雖然如此，但是下課時，她都發揮她最優質的「跑腿員」，只要是合作社有販售的食物，呼叫玉琦一聲，她總是「使命必達」且「全程免費」，將熱呼呼的早餐，或藍色的作業簿，交到你的手中。

人生如同一條長長的道路，現在你我相識，以後或許只因經過一個十字路口，便再也沒有機會交談或聯絡。因此，要把握現在和同學的緣分，充實日記中的每一頁，將來的回首時，必然回味無窮。

論說文：合併了說明文和議論文兩者的特色，在說明中有議論，議論中有說明

尊重的感覺

澎湖．文光國中一年級．康維真

尊重是每個人的權利，也是每個人的義務，它是不分年齡和貴賤的。對別人尊重，就好像是我們把一束芬芳的花朵送給別人的時候，我們自己也聞到了花香。

尊重別人，可以形成融洽的氛圍；而受到尊重的人，也會感覺心情愉悅。像

俄國的作家屠格涅夫遇到一位衣衫襤褸的乞丐向他乞討東西，可是當時屠格涅夫全身上下拿不出一點東西來，所以他只好非常誠懇的表示抱歉。沒想到乞丐卻感動的說：「謝謝你！你給我的已經很多了。」原來，乞丐所獲得的是尊重的恩惠，這遠比物質的施捨來得更重要、更難得。

然而，若是不能尊重別人，哪怕只是一句話或是一個動作，都足以傷害別人，讓別人感到難堪與受辱。像齊國發放食物的黔敖看見一個非常飢餓的人，就傲慢的對他說：「喂！拿去吃吧！」那個人瞪著黔敖說：「我就是因為不吃別人無禮的食物，才會到今天這個地步。」雖然，黔敖羞愧的誠心道歉，但是他一開始沒有尊重對方，就已經狠狠地在對方的心裡劃下一道難以抹滅的傷口。

如果人生是一株草，尊重就像水源和陽光一樣，帶給我們滋潤和溫暖。只要每個人學習屠格涅夫尊重別人的精神，就會使我們的世界更加溫馨，更加和諧。

第四個步驟　選擇與取捨材料

寫作一篇文章，必須先蒐集作文的材料，有材料才能下筆作文。要想擁有很多材料可以選擇和取捨，就必須大量閱讀課本和課外的讀物，無形中就能吸收許多寶貴的資料、累積知識加以應用，才能達到「讀書破萬卷，下筆如有神。」的境界；文章材料的來源，還可以來自我們日常生活中的親身體驗，所以要充實自己的生活經驗，細心觀察所有事物，處處留心皆文章，下筆時就能以主觀的理論與客觀的事實結合，才能寫出言之有物的好文章。

以一〇一年學測作文題目〈自勝者強〉來說，要如何超越自己成為「強者」？是考生該要思考的，所以如果你腦中的材料夠多的話，有關「越挫越勇」、「反省修正」、「誠實面對自己」、「自尊自信」……等方面的相關材料都是可以選用的。

海洋生態保育之我見

澎湖．文光國中一年級．康維真

「海洋生態保育」是全球共同關注的問題之一，因為隨著工商業的發展，全球的平均氣溫逐漸升高，受海平面及海水溫度上升的影響，促使許多海洋生物死亡，瀕臨絕種。

　　其中，珊瑚是最明顯的例子，珊瑚像位千金大小姐，只棲息於熱帶、亞熱帶，陽光充足、水質清澈的淺海區，而最適合的溫度是在二十二℃～二十八℃之間，而且生長速度緩慢。近年來，海洋汙染、土壤流失、肥料、炸魚……等，皆影響著珊瑚的生長。又海水溫度及高度，也會影響牠的成長，溫度過高，珊瑚會死亡；海水太深，陽光無法穿透，牠及其共生藻也會死亡。另外，像多年前在綠島海外沉沒的「畢卡索號」，至今殘骸都還沒消失，反而成為「活動式的超大三公頃珊瑚大屠殺團體」。

　　此外，沙灘的清道夫——「海參」，只要一退潮，澎湖潮間帶就有一堆黑黑的、軟軟黏黏的小生物。雖說牠們是那麼地不起眼，可是卻為海岸的淨化做了很大的貢獻呢！海參把沙子吃進體內，以沙子的有機物為生，再將淨化且潔白的沙子排出體外。因此，只要有海參的地方，那區域的沙子，就顯得更潔淨無瑕。可是，在嚴重的海洋汙染及棲地的破壞之下，海參就難逃一死了！

　　海洋，生命的搖籃，溫柔的萬物之母，天地萬物公平地擁有她，沒有人有破壞她的權利。自命清高的人類呀！別再自以為是了，其實在大自然中，你們是卑微的，你們為了自己，破壞大自然；你們為了享受而不擇手段……。然而，現在該是覺醒挽救海洋的時候了，我們應杜絕將廢棄物與汙水排入海洋、避免過度與不當的捕撈，同時，一起宣導海洋汙染的防制，並且身體力行，讓海洋能漸漸恢復昔日生機盎然的景象。

聰明的人類，如果繼續肆無忌憚的霸道，海洋或許在來日會將我們逐出地球的生物圈。為了自己，為了子孫，更為了地球的永續發展，讓我們好好正視海洋保育的工作吧！

這篇作文依據主題，集中選材，內容可以看出善加利用了課內外讀物的知識累積以及現實生活的觀察所得，言簡意賅，與主題無關的材料都捨棄了，聚焦於題目去選材，是一篇有看頭的好文章。

第五個步驟　擬定大綱

把依照主旨所選取的材料，構思並確立文章的結構，妥當的安排組織成段落。

沒有布局的文章一看就是想到哪，寫到哪，毫無章法；事先布局的文章一看就不一樣。布局過的文章，會先把材料選好後，考慮到文章呈現的方式，安排好段落，還要檢查各段與主題是否一致？段落與文句之間該如何連接？用什麼修辭才能感人？怎麼寫出具有說服力的畫面？

至於布局分為以下六種：**（一）時間的先後**、**（二）觀察的先後**、**（三）因果關係**、**（四）由小而大**、**（五）由近而遠**、**（六）由合而分或由分而合**。作者要在布局時衡量其先後順序，以及如何安排對文章的呈現最好。

為自己加值

臺北・南湖高中二年級・黃鈺倫

人生是一條顛簸崎嶇的道路，途中有荊棘和烈火的煎熬，也有意料之外的驚喜，因此，我們要腳踏實地地創造自己「不可替代」的價值，就像樹木的年輪般一層層向外循序擴展。

余秋雨說：「閱讀的最大理由是想擺脫平庸。」現在是一個自我銷售的時代，經由閱讀增進自我的語言表達能力，經由閱讀，可以「發現自己」，更容易表達所思所想，我喜歡閱讀——《巴爾札克與小裁縫》讓我見識到閱讀的力量，竟然可以改變一個鄉下女孩的命運。因此，我要藉由大量的閱讀，累積知識「為自己加值」。

「施比受更有福」原以為快樂的鑰匙只掌握在自己手中，但原來其他人才能幫助我們開啟大門，一起找尋快樂的泉源。進入高中後，我加入「熱血傳愛社」，而社團的服務隊更讓我體驗了擔任志工的無價快樂。服務隊的夥伴來自四面八方，卻都懷著熱忱的心，被「熱情所繫」。我們透過「繪本屋」分享故事，當小朋友專心致志的聆聽，露出純真無邪的笑容，剎那間一股感動的暖流湧上心頭，也讓我定義自我的價值，成為我向前奔跑的動力。服務隊讓我的生命之書增添亮麗的色彩，這樣美好的回憶會永遠鐫刻在我的心版。因此，我要藉由關懷他人、社會服務「為自己加值」。

古人說：「讀萬卷書不如行萬里路。」旅行讓人更認識這個世界，發掘生活中的「美」的事物，感受人間充滿愛的交響與震撼，讓卑微渺小的我們進而對生命發出禮讚和眷愛。前年暑假，我拜訪歐洲的世外桃源——克羅埃西亞，我對首都的一間「分手博物館」情有獨鍾，那是一間「愛」的博物館，它傳達出：讓人成長的挫折也是件好事，每次分手都讓我們從另一個角度看待生命，能對生命的考驗懷有敬意，才能展開新生活，能放手，代表已經準備好再次出發。旅行讓我體悟到生命的價值，帶給我正面向上的力量。因此，我要藉由旅行「為自己加值」。

生活是五彩繽紛的精彩繪本，我要努力藉由閱讀、關懷他人的社會服務和旅行，認真地為自己加值，發掘生活中的真、善、美，累積自我加值的能量，未來有機會發揮所長，貢獻社會。

這篇文章的布局還算精采。從多方面、各角度結合主題；安排材料時，空間由小而大、由內而外，讓情緒與情感隨著空間位置的變換順序逐漸深入而擴大。

第六個步驟　逐段寫作，最後總檢討

最後的步驟就是開始下筆逐段寫作了——開頭、主幹、結尾——寫作時要注意每個段落、材料以及文句之間的連貫，遣詞造句也要切實精要。以下從「開頭」、「主幹」和「結尾」分項舉例說明：

開頭

文章的開頭和結尾是最重要的，一「開頭」就要能引人注目，讓閱卷老師眼睛一亮，留下好印象。文章開頭作法，大致可分為以下三類：

破題法

在文章一開頭便開門見山一語道破，直接點出題目的主旨。

享受的一堂課

澎湖·文光國中二年級·康維真

國文課，是我最喜愛的一節課，從文言文到白話文；從古詩到新詩；從本國到外國……，我總喜歡乘著中國文學的船走遍天涯海角。

我熱愛詩文，詩是最精煉的語言，我喜歡遊走在作者的字裡行間，感受那深遠的意境及心境。我十分敬佩古人，該如何把當下心中百感交集、憂傷、無可奈何的心情抒發在字句當中；我也希望我能藉由文字的橋，通往詩人的心境，體會他當時的困惑或期許。像朱自清的〈匆匆〉，感嘆時間的流逝是多麼無情，是多麼的飛快，可是卻怎麼也抓不住它，留不住它。這就告誡世人，不可蹉跎光陰。

如〈庭中有奇樹〉一詩中，用簡短的文字，表達了作者當下對遠方親人的無限思念，可是卻因路途遙遠而無法送達自己的思念。這讓我們體會了在當時動盪不安、交通又不發達的社會下，有多少悲歡離合，離愁別緒。雖然現在我們有五花八門的簡訊和視訊等聯絡方式，但是人與人之間的情感，若只透過生硬的通訊軟體，仍然無法讓人們心中的感情互相產生共鳴，我想這樣的感觸應該和千年前詩中這位女子的情緒有相似之處。

國文課，最令我享受的一堂課，因為我可以遨遊在生動的文字裡；沉浸在感動的語言裡；省悟在詩人的教誨裡……，都讓我得到「心」的清新與自由。

問答法

針對題目本身設定一個疑問，接著以自問自答的方式，導入本文。

假如我是老師

澎湖．文光國中二年級．康維真

大多數的學生都會有許多的抱怨，例如老師交代的作業太多，考試太難，可是如果有一天角色互換，那我又會成為一個怎樣的老師呢？

首先，我會允許學生早上八點四十五分以前進到教室就可以了，但是有個條件，就是學生一定要吃一頓豐盛又營養的早餐，而且一定要步行到校。如此一來，不僅可以讓大家有個悠閒的清晨，更可以賺到一天的好精神，豈不是一舉兩得，一石二鳥嗎？還有，每天只上五堂課，下午三點半準時放學，每個學生除了國文、英文、數學，這些必修的課程以外，更可以依照自己的興趣，選擇課程，例如：攝影課、烹飪課、美術課……。因為是自己有興趣的課程，所以上起課來不但盡興，更會加倍認真學習。

另外，不會有段考，而是採用檢定考的方式，只要學生覺得自己能力夠了，就可以去考試，只要考過那一年的檢定考，剩下的時間就可以多為自己的興趣努力。如果一直沒有通過檢定考，就只好留級嘍！但其實讀書並不是唯一的出路，或許大多數的華人至今仍有「萬般皆下品，唯有讀書高」的迷思吧！所以如果我身為老師，我必定竭盡所能開導我的學生，讓學生們了解教育的真諦並不完全在於讀書和考試。

　　想必，我的學生在求學的過程中，會有或多或少的抱怨，但我相信這是獲得甜美果實前的辛苦歷程，而絕對不是痛苦。而且我只想告訴我的學生，每個人都是不一樣的個體，不是每個人都要在考卷上拿到漂亮的成績單，而是應該展現自己優秀的一面，才能真正發揮自己的專才。

引述法

引用與主題相關的名人名句，接著再由引用的實例或詞句帶入本文。

影響我最深的一句話

基隆．二信中學二年級．黃鈺倫

　　在生活中，有許多值得我們用心思考，並細心體會的金玉良言。而影響我最深的一句話是名人保羅所說的名言佳句：「人生有如一本書，愚者匆匆翻閱；智者卻是小心翼翼地仔細閱讀，因為他知道那是一本無法再回看第二遍的書。」這是媽媽曾經勉勵我的一段話，從那時起我就把這句話當作我的座右銘，而隨著成長的歷練，我更加體會這句話的重要，也將這句話深深刻印在我的心版。

愚笨的人總是無法妥善利用時間。有些人將大部分時間分配在玩樂，找不到自己的方向，等到年老審視自己的人生時，才發現自己一無所成；有些人將極多的時光浪費在怨天尤人，卻不知人生難免有挫敗，可以從挫折的深淵中爬起，而讓自己不斷陷入更深的憂愁和悲傷之中。

聰明的人則是善加利用生命瑣碎的時間，毫不浪費，並訂定目標，認真地實現達成，因為他知道自己的人生要自己負責，努力過後，未來功成名就時，便會回頭感謝當時年輕付出努力的自己。

人生有如曇花一現，所以時間不容浪費，浪費時間就等於是錯過了和未來的成功的自己相遇的機會，而我當然會選擇成為聰明的人，我不會將太多時間花在玩樂上，而會將時間安排在人生三大感情——親情、友情和愛情的經營與投資上，努力在我的人脈存摺裡存款，因為我知道情感是最無價的，同時我的生命之書才會亮麗而璀璨。

主幹

每個段落都要設計得有亮點，條理分明，清楚表達，在扣合主旨的狀況下，充分展現其中心思想。可以按照時間順序、場景轉換或同一歸類去分段。每個段落像是自由發揮、各自獨立，卻又有所連貫，要有層次感的前後照應。

我的壞習慣

澎湖・文光國中一年級・康維真

每個人都有自己的習慣，有好的，也有壞的。好的習慣可以讓我們更快速的爬上山崗；但相反的，壞習慣會將我們拉入谷底。

在現代忙碌的工商業社會中，許多人都「晚睡晚起」，我也不例外。晚上熬夜讀書，早上睡到爬不起來，起床後，不但精神沒有比較好，反而感覺委靡不振。那是因為晚上十一點以後，身體就要進行排毒的工作了，若沒有處在熟睡狀態，身體就無法排毒，如此日積月累，身體當然無法負荷，就像裝滿了氣的氣球，爆裂開來一般。所以，我應該要調整作息，改成古人的「早睡早起」的習慣。如此才能讓身體在該歇息時，好好休息；該讀書時，才能精神百倍。

在緊迫的時間裡，很多人餐餐不是以「速食」就是以「便當」解決，我也無法避免。外食的便當一打開，不是用油炸的、就是用油炒的，實在非常不健康；而一走入速食店，琳瑯滿目的「美食」陳列於看板，仔細一瞧，不是高油量的薯條，就是高熱量的漢堡……。吃了，雖然得到了味蕾上的滿足，但卻增加了身體的負擔，也增加了健康檢查結果表上的「赤字」。面對這樣的壞習慣，我想只要能降低自己的口腹之慾，朝著低油、低糖、低鹽的飲食方式邁進，相信那會是很好的體內環保。

雖然要養成好習慣很難，改掉壞習慣更難，可是只要肯努力，有毅力，要讓自己的身體狀況變得更好、更完美，便是指日可待的事了。

作者在這篇文章的中間段落，利用場景的轉換，舉例兩個壞習慣——第一是：作習不正常，晚睡；第二是：不健康的「外食」和「速食」，這兩段以實際的生活經驗去談自己的壞習慣，最後以正面總結。

發現生活中的美

基隆．二信中學二年級．黃鈺倫

人生中有許多美好的事物，不管是美不勝收的宜人風景，還是生活中人性的美，都值得我們用心體會，細心感受，發現生活中蘊藏的「美」。

一個春天寧靜的早晨，我仰望著一望無際美麗花海的山谷，櫻花欣欣向榮，宛如飛舞的小白蝶；走在鋪滿櫻花的山路上，櫻花綴滿了整條道路，把山谷妝點得像是一條令人目眩神迷的閃亮銀河；微風徐徐，飄落無數的櫻花，使人陶醉在這片美麗的景色中，讓人流連忘返。

曾在日本旅遊，眼見窗外變成一個雪白的銀白色世界，放眼望去，潔白如玉的雪花滿天飛舞，那美麗動人的景色，彷彿是人間仙境，讓我嘆為觀止，欣賞著美麗的雪景，讓人放鬆心情，身心舒暢；三五成群的孩童在雪地上奔跑追逐，玩得不亦樂乎呢！他們的臉上洋溢著喜悅的笑容，這樣情景交融的美，永恆地刻印在我的心版上。

這篇文章除了第一段和最後一段，其他分三段去寫他所發現的生活中的美——櫻花小道的「美」、景、孩子在雪地裡玩樂，天真無邪的「美」以及義工媽媽和公益團體為人服務的「美」，這三段可以各個獨立，可是卻又都圍繞著主旨去談論生活中的美，從視覺的美、聽覺的美到心靈的美，層次分明地表達了文章的條理

　　上學途中，我看到義工媽媽幫忙維持指揮交通；新聞中，也得知許多公益團體默默地為社會服務，這些社會中無限的「美」的力量感人肺腑，都是人性的「美」。

　　為了繼續發現生活中的美，我們要愛護環境，多參加植樹和淨灘活動，因為欣賞這樣的「美」，讓人愉悅歡喜，我不希望那些美景被破壞，也不希望再也聽不到小孩純真的笑聲；而我也應該從生活中舉手之勞的助人的小事做起，感受「被需要」、「付出的快樂」的美。

冒險

基隆・基隆高中三年級・黃聖珈

　　人生充滿了冒險，假若每天的生活都異常平靜，如波瀾不興的湖面，那麼我們的生活中不就少了勇於嘗試的冒險精神，人生中的壯美就在波瀾起伏中展現。我們要放下膽怯，跨越眾人不敢碰觸的那條界線，勇敢冒險。

和組織。

高一時，我的主修老師給了我一首高技巧的樂譜。當時的我，一度想要要求老師幫我換一首比較抒情且帶有優美的旋律，而非像這首技巧高超、旋律激昂。雖然這首曲子氣勢宏大，且具有挑戰性，但我覺得彈奏這首曲子的風險太大了，不是大好就是大壞。但是眼看這一年一度的柳琴大賽即將來臨，我不想失去拿入門票的資格。因此，我下定決心要冒險一回！

我開始獨自在琴房裡，揮灑涔涔汗水，我的手在柳琴的四條弦中來回撩撥，有時直上雲霄、無比高亢，有時又跌入低谷，極其黯然。高亢的音調和低沉的音調交織出一首絕唱。跌跌宕宕，起起伏伏，這猶如冒險的人生，只有在高潮和低潮時的糅合才得以譜寫出震撼人心的樂章。

假若沒有當初勇於冒險的決心，我想，我在柳琴大賽中也無法脫穎而出；又猶如許芳宜，也是勇於突破冒險，在流過無數的汗水和淚水，踮著腳尖，踩過多少困難和挫折，才能在舞臺上發光發熱。還有麵包師傅吳寶春，在一次又一次

這篇文章是按照時序記事去分中間的段落。作者先是在猶豫中接受了老師建議的曲子，然後決定放手冒險一搏的過程，到最後總算皇天不負苦心人，最後還舉了名人許芳宜和吳寶春也是因為勇於冒險才能自我實現。每一個段落都設置了一個固定的話題，深入淺出，且言之有理。

的冒險嘗試後，開始創新出各式各樣的麵包，才能成就他今天不凡的人生。

迪斯累利曾說：「只有不畏艱難的人，才能享受冒險的樂趣。」我要懂得當個智者勇敢去嘗試不可能的任務，而不像是愚者，一味的蜷縮在硬殼裡，畏縮不前的，不敢面對任何的風險。這樣一來，我們又豈能感受冒險的樂趣與收穫呢？

結尾

收束全文的「結尾」也同等重要，不但要重提前意、回應全文，還要能讓閱卷老師留下餘味無窮的深刻印象，因為分數即將斷定。文章結尾作法，大致可分為以下三類：

總結法

彙整文章各段落的精華，將歸納整篇文章，做收尾的陳述。

出國遊學，真好

澎湖．文光國中二年級．康維真

今年暑假，是一個特別的假期，因為我第一次自己和老師出國，而且出國的內容，竟然是到紐西蘭的學校上課，這是我從來沒有的經驗，使我雀躍不已。

出發的日子終於到來，途中到日本轉機，接著展開了十多個小時的旅程，飛機到紐西蘭上空時，映入眼簾的是一望無際綠油油的草木，讓我為之心曠神怡，忘記長途飛行的疲勞。

來到學校，金黃色的陽光灑落一地，八點四十的鐘聲，喚起了個個精神抖擻的孩子。在學校中，學生們大多自己選課，我有英文、數學、自然、ESOL、科技……。其中，我覺得最有趣的，就是ESOL課了。ESOL課是專門為母語不是英文的學生所設計的，所以同一堂課中，可能會有從許多不同國家來的同學。像我上ESOL課的時候，有來自韓國、中國大陸、菲律賓和基里巴斯的同學，又因為ESOL老師經常讓大家分享自己國家和紐西蘭不同的地方，像來自菲律賓的同學告訴我們，在菲律賓有些房子是建在水上的，還有他們因為天氣炎熱，教室的窗戶沒有玻璃。但不管是從哪一個國家來的同學，大多都有一個共識，就是「在紐西蘭念書比在自己國內輕鬆」。我很喜歡和其他國家的朋友一起聊天，因為這樣可以增加我對其他國家的認識，又可以交到更多的異國友人。

還有，讓我覺得最特別的，就是自然課了。我們自然課教「速率」的時候，老師只花短短的時間在教室內講課，接下來的時間，老師就請同學帶著尺和碼表到外面的廣場，自己測距離以及測跑完總距離的時間，完畢之後，再進教室計算速率，像這樣有創意又有效率的教學模式，讓我們可以在無邊無際的大自然教室學習，是生長在臺灣的我，前所未見的。

　總之，這一趟的紐西蘭遊學之旅，讓我結交了許多異國友人，更讓我見識到了許多知識，有些都是書本中沒有教授的，所謂「行萬里路，勝讀萬卷書。」正是此意，這次的旅行拓展我的視野更讓我滿載而歸，真是既有趣，又有意義。

勸勉法

以「勸勉的用句」做結尾，用意在讓讀者有參與感，而意猶未盡。

為自己鼓掌

澎湖・文光國中三年級・康維真

　鼓掌就是肯定，肯定不見得代表成功，但卻是努力的刻痕。

　有一次到韓國旅行，其中，有一個行程是滑雪。我興奮的手舞足蹈，因為那是我生平第一次滑雪，別說沒有滑雪的經驗，就是連滑雪場的寒氣都沒感受過呢！我帶著沸騰的心情到了滑雪場，換上了又厚又重的鞋子，走起路來實在吃力，可是我仍然努力的爬上了坡，終於可以裝上滑雪板了，但就在我裝上滑雪板的那一刻，我發現，我的腳瞬間失去了摩擦力，而且我完全抓不到平衡點，這下可慘了，還沒滑雪，就已經先被雪滑了個四腳朝天，真是糗大了！我心中暗自激勵自己，一定要突破這個關卡，否則難得的滑雪體驗就泡湯了。

我的屁股，就像小鴨子走路一般，搖啊搖；我的雪杖緊緊的插在雪地上，就像沒在石稜中的箭一般。我使出九牛二虎之力，終於可以把自己「固定」在雪地上了，而此時的我已汗流浹背。但汗水並沒有澆熄我對滑雪的熱情與熱愛。當我要開始練習從高處俯衝而下時，大家都很不看好我的表現，因為我平時的體育成績總是「掉車尾」的那一位，可是，我不服輸。當大家都在偷懶和休息的時候，我就一個人獨自練習，雖然前幾次發生了「事故」，但越是跌倒，我就越要練習，練習到不會跌倒為止。雖然最後仍然不是很順利，但我的堅持與努力，讓我多了一項樂趣，也多了一個技能，我為自己鼓掌，並非因為我滑雪有所成功，是因為獲得了成就感，以及自我突破的感覺。

為自己鼓掌，相信自己，肯定自己，讓鼓掌「掌」出自信的光彩。親愛的朋友，讓我們一起繼續努力，努力在每一天找尋值得為自己鼓掌的那份力量。

引述法

在結尾引用和主題有關的名句或實例，主要是要在最後增強前面論述的力道，讓整篇文章能更具說服力。

有夢最美

澎湖．馬公高中一年級．康維真

　　如果人生的旅途是馬拉松賽跑，那夢就是終點目標；如果成長的道路是浩大的宇宙，那夢就是閃耀的星星。可見，「夢」是很重要的，有夢、有目標、有踏實，在馬公高中的三年，以及人生往後的每天，都該如此。

　　高中三年，有些人就像棉紙般，輕輕、白白的晃過；也有些人天天雕刻自己的人生，把原本樸質的木塊，雕刻成獨一無二的美麗木雕，當然，我想要精美的木雕。首先，我必須要有一把好的雕刻刀和精湛的技巧。優良的雕刻刀和技巧，就是我的內涵與實力，那要如何培養充實的內涵和穩健的實力呢？最重要的是，要踏實，我希望我能踏實地做每件事，如：學業、藝術、人際，每個我築起的堅固堡壘，未來不僅能防禦、更能作戰。另外，要思考，高科技的社會，電腦幾乎可以取代人腦，運算、熟記、蒐集資料，但人腦有個最大的優勢，就是可以思考和創新，所以我要時時培養這樣的能力，就像活水源源不絕的注入。

人生能有多少夢，答案是要多少，就有多少。我的另一個夢想，就是三年後到國外拓展視野，所以我現在除了在各方面踏實的學習之外，更要在外文方面多下功夫，這樣才能縮短與世界的距離，縱使臺灣十分國際化，但有些人文習俗、風土民情……，不是能靠著網路體會的，而必須實地到訪。若沒有良好的外文能力，如何與人溝通無礙呢？即使不能親自參訪，徜徉在無邊無際的外文書海中，又有什麼不好呢？所以，我為了我的另一個夢而夢，或許遙遠，但就像播下夢想的種子，用踏實、思想和更多夢想的灌溉，終有一天，小種子也會成為壯大的樹木。

阿里巴巴創辦人馬雲說：「第一，有夢想。一個人最富有的時候是有夢想，有夢想是最開心的。第二，要堅持自己的夢想。有夢想的人非常多，但能夠堅持的人卻非常少。」擲一個夢，就像踏出右腳；圓一個夢就像站穩腳步；再擲一個夢，就像踏出左腳……，不斷不斷的循環，像呼吸般延續，那就是，人生的一種美。

祕笈小補充

當文章完成後，一定還要全篇文章從頭到尾再檢視一遍——修改、潤飾、補充、訂正錯別字以及標點符號。特別是錯別字和標點符號，這些小地方也都會影響閱卷老師對於分數的定奪。最後的用心檢查，才算完成所有的寫作步驟。

先力求文字流暢

國中生的作文至少要力求流暢，不需故意用詰屈聱牙的語句，只要自然流露，如行雲流水，就是一篇文章的基本水準；生硬艱澀的文章，反而顯得矯揉造作，無法產生美感。

「林來瘋」的背後

澎湖．文光國中一年級．康維真

「哇！尼克隊林書豪，令人不可置信的，在最後的零點五秒投進一個關鍵的三分球，絕殺了暴龍隊。」從林書豪這場致勝的球賽爆紅之後，全球也掀起了一場「林來瘋」的熱潮。

您知道嗎？林書豪的崛起，是偶然？還是僥倖？其實他美麗的光彩，來自於背後的汗水。他在不被重視的板凳球員階段，每天早上練投五百顆籃球、做重量訓練、練體能，從來沒有中斷過。他刻苦的訓練造就了不凡的身手，正是因為他長年努力做好充足的準備，所以當機會來臨時，他才能綻放出驚豔的戰績，創造出世界的傳奇。

這篇作文從引用現場轉播具有臨場感的文句開啟「林書豪」的旋風；接著連用兩段「疑問法」起頭，平實地詳述林書豪的成功是歷經多少的努力與挫折，咬緊牙關撐過去，才能關關難過關關過。全文真摯動人，也善用修辭名言，相當不錯。

您知道嗎？林書豪的籃球生涯並不是一帆風順，而是一路充滿挫折。他的挫折包括了華人瘦弱的身軀、種族根深蒂固的偏見、教練的忽視、對手的歧視、球迷的謾罵……等等。這些挫折都足以使人一蹶不振，然而林書豪卻能在失敗中學習，在挫折中培養勇氣，最後戰勝挫折。這就如同海水，必須經過更猛烈的撞擊岩石，才能更激起美麗的浪花，也只有品嘗過苦澀的人，才能孕育甜美的成果。

林書豪成功背後的故事激勵了人心。只要我們秉持著「機會是留給有準備的人」，並且能夠「從挫折中培養勇氣」，相信我們都可以和林書豪一樣，在人生的關鍵時刻，投出一個漂亮的「三分球」。

常常，我想起那雙手

臺北·金華國中三年級·劉映汝

在我腦海裡，模糊的兒時記憶中，有一雙厚實而溫暖的手總是無微不至的照顧我、給我安全感，並陪著我長大。那雙手，就是——母親的手。

從小我就和母親無話不談，我們情同「手足」，毫無代溝。她說打從我在她肚子裡時，父親就去當兵了，只剩我和她相依相伴，從那時起我們便建立起了一種獨特的革命情感。她那時不僅是老師，還在博士班就讀，壓力非常大。但她時常會和我說話，而我也會在肚子裡動來動去，像是在告訴她：妳不孤單，有我陪妳！她說，胎動讓她感到不再寂寞，而且非常安心。

我出生之後，她的那雙手擁抱我、撫育我；能走路後，她的那雙手牽起我、安慰我；進入小學，她的那雙手為我準備早餐、也在必要時適度地「教訓」我；現在，她用她的那雙手指導我功課、也在我夜晚苦讀時為我煮上一碗熱騰騰的麵，她悄悄地放了一種叫「母愛」的調味料在裡面。

去年的暑假，我報考全民英檢，成績出爐——我的聽力和閱讀都只各錯了一題，是補習班的最高分。母親看到成績後，開心溢於言表給了我一個肯定的大擁抱。我知道母親的鼓勵永遠都是我的動力來源！

母親的手，是我最安全的避風港、最堅固的城堡，也將是我最溫暖的依靠，不管未來我飛得再高再遠，我將常常想起母親的這雙手！

這篇作文從母親懷胎談起，因此情同「手足」。再詳述母親的那雙手從襁褓、到走路、到上學的成長歷程的一路相伴，所有的情節加上細節，符合了「常常」的題旨，無須過多的贅語修飾，便能以真誠動人。

一雙溫暖的手

基隆·二信中學二年級·黃鈺倫

在生活中總是充滿著感人肺腑，動人心弦的溫馨景象。一雙溫柔注視的眼神、一句讚美的話語、一雙溫暖的手都帶給我們立志向上的能量。

我常常想起媽媽那雙溫暖的手。從我呱呱墜地的那一刻起，她是二十四小時不打烊的天使，無微不至的細心照顧、呵護著我；她是陰沉黑暗中最光明璀璨的燈塔，當我彷徨迷惘，指引我迷失的方向，讓我確定自己的目標；她是我生命中的珍本祕笈，以她豐富的學識和慧心良善，一絲不苟的教導我學問知識和做人處事的道理。千言萬語也無法形容媽媽的勞苦功高，她那雙溫暖的手讓我刻骨銘心，深深地印在我的心版上。

溫暖的手讓人在挫折的深淵中重新找回自我，不屈不撓，迎向挑戰，讓我們更加堅強，也給予我們無窮無盡的力量，正因如此，每個人都應該懷有「感恩的心」，並將這份溫

這篇作文講到母親在養育上的無私奉獻，以及在教育上的人格養成，從母親那雙溫暖的手出發，帶領作者在困頓中愈挫愈勇，進而，期待未來也能延續母親那雙溫暖的手，擴大自己的力量去幫助更多需要幫助的人。

暖像種子般播種灌溉，把愛傳遞給他人，分享這份的感動，這包含了謙遜、覺察和智慧的態度，並且和幸福亦步亦趨。

在未來當我有能力，我要伸出別人心中溫暖的雙手，照耀別人，關懷別人，默默地付出，展現人性的「真、善、美」，從一雙溫暖的手出發，綻放生命的光輝。

讓畫面說故事

寫作記敘文最沒有境界的就是平鋪直敘，所以，作文要想能感動閱卷老師，可以從自己熟悉的生活出發，從生活中取材，集中一個特寫的鏡頭或者展示一個精彩的情節，讓事實說話，才能寫出自己的特色，寫得有血有肉，讓閱卷老師似乎看到動人的畫面。用故事說話，以感情打動人，便有機會拿到高分。

我的童年

澎湖・文光國中一年級・康維真

每個人的童年如同一本書，每一頁都令人永生難忘，不管是苦、是甜，都讓人回味無窮。

我的童年是充滿幸福的；是充滿快樂的；是充滿愛的。大家常說：「女兒是爸爸前輩子的情人。」的確，爸爸對我疼愛有加，還記得童年時，我非常喜愛絨毛玩具，爸爸有一次到臺灣開會，回程他身上已經有大包小包的行李了，可還是幫我買了一隻可愛的大型絨毛娃娃，大概有一公尺高吧！而且因為它體積太大，無法裝入行李箱中，所以爸爸不顧形象的，把它從臺灣本島抱著回澎湖，這就是爸爸疼我、愛我的印證了。

在我童年時，和其他的孩子一樣喜歡聽故事。當時已在學校任教的媽媽還在趕著寫博士論文，非常忙碌，常廢寢忘食。而且撰寫博士論文需要靈感，可是她仍然不忘在我睡前，泡一杯溫熱的牛奶和拿一本故事書，到我的床沿，為我唸故事。其實媽媽心中正擔心論文繳交的截止日期就快到了，可是那艘滿載濃濃母愛的船，卻能在風不平、浪不靜的心海中航行，為我唸故事，然後擁抱我，讓我進入甜蜜的夢鄉……。

人的一生中，童年是最快樂的扉頁，沒有壓力，不知人間疾苦，可以徜徉在一個「半世外桃源」中，彩繪出自己美麗童年的燦爛時光。

「童年」雖然已成為往日雲煙，可是如今回想起，甜甜的滋味還正在心底發酵——有滿足的甜，有幸福的甜，更有被愛的甜……。這就如同手中的冰淇淋已經吃完了，可是舌頭上甜甜的甘味和喉嚨中冰涼的悸動，卻仍深埋在內心的深處。

作者在這篇文章中，成功舉例了童年生活裡最重要親密的雙親，在她成長過程的無私付出與陪伴，以事件帶動文章進展，相當深刻新穎。

我學騎馬的經驗

澎湖．文光國中二年級．康維真

今年暑假，我完成了一個夢寐以求的願望，那就是騎馬。因為以前看古裝劇中，騎馬者都顯出一副威風凜凜的樣子，讓人羨慕極了，趁著這一次到紐西蘭遊學的機會，正好可以好好享受一下騎馬的樂趣。

一到馬場，老師請大家各自選一匹馬，我選了一匹小巧可愛，和我看起來比較「投緣」的馬。我開始和牠培養感情和默契，希望等一下可以輕鬆騎馬上山。但是，從我坐上馬鞍的那一刻起，事情就遠遠的出乎我的意料之外，因為馬走動的時候搖搖晃晃的，而且馬還會彎下腰來吃草，真是可怕極了。接下來要學習「術語」了，如果用雙腳踢馬的肚子，便是要馬向前走；如果把兩條韁繩一起向後拉，便是停止；如果一邊拉右邊的韁繩，一邊踢馬的肚子，便是向右轉；向左轉，則反之。練習了幾次之後，馬還是聽不懂我的「術語」，但是大家都出發了，我只好帶著恐懼的心情上路，剛開始的時候，我好想哭喔！因為我的馬很喜歡一直彎下腰來吃草，我又拉不動牠，牠就一直停在原地不動，可是大家都繼續往前走了，我很擔心會落單，緊張的出了一身冷汗，幸好一旁有教練幫我控制馬，才讓我免於一場災難。

　　我們騎著馬，終於到了山上，隨著和馬相處的時間拉長，我們漸漸培養了默契。欣賞著美麗的風景，坐在馬背上，我已經慢慢熟練那些「術語」了，這就是所謂「一回生，二回熟」啊！回到馬場，我真的很感動，因為我終於完成了這一項又有趣又驚險的旅途。

　　騎馬上山，是我前所未有的經驗，我很珍惜這一次的機會，也很高興能結識這位「馬朋友」，並和牠一起上山，培養感情，這也是一種特別的緣分，我深信，現在的我們都更了解彼此了。

　　這篇文章作者詳細敘述了到紐西蘭遊學完成的夢想中想騎馬的願望，騎馬的過程從期待到意外、恐懼、緊張，到後來的熟練和享受，以動態描寫，展現了難得的初體驗。

童年的快樂時光

基隆．二信中學二年級．黃鈺倫

　　童年的快樂時光，像一陣春日的徐風，偶然輕拂我的臉龐，讓我感到心曠神怡；童年的快樂時光，像一抹冬日的暖陽，偶然照亮我的心房，讓我感到溫和芳香；童年的快樂時光，像久旱後的一場及時雨，突然洗去我的煩惱，讓我心花怒放。

我最早的童年時光是媽媽每天晚上的床邊故事。媽媽總是有源源不絕的故事，透過一則又一則的故事，讓我產生許多幻想，不知天高地厚的我，想像自己遨遊國王美輪美奐的城堡；騎著王子雪白的駿馬；拜訪公主五顏六色的美麗花園。童年是美好的，我的夢想正發芽，雖然懵懂無知，卻充滿無限的可能。從這些故事，我耳濡目染，開啟我的想像空間，也帶給我發人深省的人生啟示。

在國小的階段，最令我難忘的是到戶外騎腳踏車的美好時光。騎著單車，追尋著眼前漫長的道路，讓我知道目標和格局的遠大，但要腳踏實地地向前進；同時我盡情地享受追風過程中，和煦的陽光和宜人的美景。另一個讓我很難忘的是和家人在綠草如茵的草地上，仰望著絢爛耀眼的星空，這條讓人目眩神迷的星河讓我編織著夢想，希望我未來能成為閃亮的「星」。童年是美好的，我的身心都在成長茁壯。

回首童年時對比於現在繁雜的課業壓力與成長課題，讓

作者在這篇文章從「媽媽的床邊故事」、「騎單車追風」以及「躺在草地上仰望星空」三個方面去寫童年的快樂時光，然而，又從這三個方面由小而大、由近而遠，寫到對未來的幻想與期待，而有了前進的動力。

我懷念童年時光的美好，嚮往著童年臉上的笑容，然而飛逝的時光像流水一般一去不返，讓我領悟努力活在當下的重要，所以，我應該盡其在我，努力完成目標。而童年最美好的時光會永遠在我的記憶中存檔。

應變

基隆・基隆高中音樂班三年級・黃聖珈

應變，是不憂不懼；應變，是臨危不亂；應變，是圓融通達。在人生的道路上，難免都會遭遇突如其來意想不到的狀況，我們要如何學習兵來將擋，水來土掩的應變智慧與處理能力是相當重要的。記得在某次的家庭聚會中，在大學任教的阿姨和我們分享她的人生經驗——有一次她到一所大學演講，隨身碟不知怎麼突然打不開她演講的資料，正當無數雙眸凝視著她時，她靈機一動想起她曾把資料儲存在雲端，於是趕快從雲端信箱把檔案抓下來，阿姨的這個應變經驗讓我印象深刻。

兩年前在一場實習音樂會我也親身有了這樣的經驗。平時我參加任何的比賽都會事前準備幾條備弦和備琴；但在實習音樂會的前幾天我就把四條弦重新換過一遍，也把音色調整到最佳狀態。當天早上，媽媽耳提面命地對我說：「妳還是帶一把備琴去吧！」但我充滿自信地對媽媽說：「我才不會這麼倒楣，每次帶了備琴還不是沒有用上。」

就在演出當下，我正陶醉在悅耳的琴聲中，似乎在我耳邊傳來了弦脫鬆的聲音——「啪啪」——迴盪在我耳中。當下我故作鎮定想著該如何應變，此時我靈機一動把弦拉高八度，讓原本失去色彩的豆芽菜重新獲得新生命。

下了臺後，主修老師雖然小小責備我，但也大大讚賞我的應變能力。經過這次的演出，我體悟到，在人生中我們要不斷地活化我們的腦細胞、要努力地充實我們的知識，才有能力去應變生活中可能的意外；更要敞開心胸去汲取前人的告誡經驗。如此一來，我們才能在人生的考驗中越挫越勇，隨時在「應變」中迎接每個嶄新的自己。

這篇文章舉例了獨一無二的參賽的應變經驗，從事件發生之前的鋪排、事件發生、到如何應變處理，以後最後事件的感悟，相當符合題意。

愛的力量

基隆．基隆高中音樂班三年級．黃聖珈

愛充滿著很多種力量，有些人在背後為我們默默付出，不計代價；有些人是在人生道路上，給予我們批評和指教；還有些人是在我們遇到瓶頸時，適時的拉我們一把，給予我們滿滿的正能量。但對我來說，父母所給予我的愛的魔力是具有重大意義的。父母就像是照耀我的太陽，也像是茫茫大海中的燈塔，在成長的路上，他們陪伴我笑，陪伴我哭，當我跌倒時，他們總是伸出手適時拉我一把，讓我有勇氣微笑再出發。

猶記高一時，我自信滿滿參加基隆市柳琴音樂比賽，最後竟以零點零四分的差距，和全國音樂比賽的入門票擦肩而過。我在挫敗中開始懷疑自己，一方面抗拒父母的擁抱，也完全聽不進他們軟硬兼施的苦口婆心。我開始叛逆地我行我素，不知怎地，竟得了厭食症。

然而，父母卻陪伴我度過人生中最低潮的時刻，每天我心中的黑白天使都在相互拉扯著。當惡魔「黑天使」催促我倒掉媽媽早上親手為我做的便當時，我那善良的「白天使」就流淚了，因為我知道那是不善烹飪，又趕著要去上班的媽媽，用愛的力量特別為我做的便當。我曾為了餐食分量的多寡和媽媽計較，甚至兩人抱頭痛哭。但不離不棄的父母帶著我看醫生，陪著我度過困頓的低谷。終於，我的光明的「白天使」戰勝了邪惡的「黑天使」。因為父母開給了我一帖神奇的藥，那就是「愛的力量」。

倘若沒有父母給我滿滿愛的力量，我就無法從跌倒的音樂比賽中再次爬起，並找回最純粹的自己；更無法打敗病魔，戰勝自己。有了這次的經驗，我會學習把父母對我的「小愛」，將來有機會轉化成對社會的「大愛」，就像享譽國際的陳樹菊不也是默默為社會付出，那份愛的力量引起極大的迴響，也讓更多人把愛的力量傳遞下去。我期許自己也能成為給予別人滿滿愛的力量的大太陽，讓無遠弗屆的「愛」持續展現「力量」。

這篇文章讓我們見到了父母無私的愛與付出的力量。作者舉例了罹患厭食症的經過，讓讀者似乎見到了正在拉扯的善惡天使，以及抱頭痛哭的母女，最後，畫面還出現了在市場賣菜做愛心的陳樹菊。由「小愛」擴寫到「大愛」，一幕幕的畫面都在在呈現「愛的力量」。

處處留心皆題材

祕笈小補充

作文要想寫得好，首要要訣就是先練習像講話一樣，把話說清楚、講明白。寫作文為求有效的表情達意，一定要避免「抽象」的「空泛」，因為抽象的事物，難以讓人明白，有可能各人有不同的解讀，所以，具體寫出事件是相當重要的，才能產生共鳴，感動人心。

現實生活經驗

為了寫出具體的事件，同時將作文寫得具有自己的特色，可學習從身邊的小事寫起，就能寫得得心應手，行文也不需要刻意雕琢，因此，只要用心體會，將會發現生活中到處都可以找得到素材。

以下這兩篇，前一篇寫的是學生自己成績退步的經驗；後一篇寫的是學生自己的選擇學校的經驗。

失敗之後

澎湖・文光國中二年級・康維真

失敗，是人生必要的淬鍊。一個美麗的人生不是沒有失敗，而是學習如何在失敗中站起來，繼續朝自己的目標前進，這才是最重要的。

小學時代的我，總是最出鋒頭的那一個，每每月考過後，看著「漂亮」的成績單，總可以讓同學們羨慕一番，我也相當引以為傲，正因為如此，使班上漸漸吹起了一股又一股的反抗勢力，可是我卻一點也不在乎。直到有一次月考，不知道為什麼，我的成績一科比一科不理想，考國文寫國字，不是多了一點，就是少了一筆，讓我整張考卷滿江紅，連老師也不可思議；接連下來的幾科，也是慘兮兮。等到接過了成績單，看見的是慘不忍睹的分數；聽到的是老師在一旁安慰的輕聲軟語；想到的是慘敗後的淒涼……。當時的難過與徬徨，絕對不是這幾句話能夠道盡的，縱橫的淚水，撕裂了我的臉龐，無助的感覺掏空了我的心……。

我拖著如千金萬兩重的腳步回家，媽媽看了我的成績單，不但沒有責罵我，反而還安慰我：「一個人不可能永遠處在高點，太陽有高掛的時分，也有西下的時候，而且一次的挫折不代表永遠的失敗。這一次的失敗告訴你需要檢討讀書的方法或態度，或許它是你一生的轉捩點，當以後你回首人生時，反而會慶幸有這一次的警惕。」媽媽的一番話，讓我恍然大悟，此後我不但修正了讀書的方法，更改正了驕傲的態度。而現在的我，不只為考取好成績而努力，更為得到讀書的快樂而努力，做人也比較低調，也因此得到了好人緣。

這一次的失敗，就像一場大雨後的雨過天青。現在失敗，以後會再爬起來；現在下雨，雨過的天空會更清澈；現在失敗，以後會更懂得欣賞高處的美景。

選擇

基隆．基隆高中二年級音樂班．黃聖珈

我們每個人每天都在做不同的選擇，選擇穿什麼樣的衣服；選擇吃什麼東西；選擇搭什麼樣的交通工具……等，有了選擇的自由，我們更應該懂得珍惜。正所謂：「選擇你所愛，愛你所選擇」。因為有了自由的選擇讓我們的生活更多彩多姿，因為在每個人生的十字路口的轉彎處，都會有著意想不到的驚喜。

在國三畢業前，我正面臨著音樂班免試升學的選擇。當時每人都只能選填一所學校，所以我面臨了一個重大的選擇——新店高中還是基隆高中。之後，爸媽幫我分析了這兩所學校的利與弊，把選擇權丟向我。當時的我躊躇不前，我並不知道哪一所學校比較適合我。彷徨焦躁不安的心情全部湧上心頭。經過一日的沉思，我決定選擇離家比較近的基隆高中。這樣一來，不但能節省我通車的時間，還能讓我有充裕的時間兼顧我的主、副修。

在我錄取基隆高中音樂班時，我也從旁得知原來最後一位錄取新店高中的同學他的分數比我低許多。當時我的心情彷彿從天堂掉入地獄。但是我仍告訴自己每個選擇的背後都有必須要承擔的結果，況且「既來之，則安之」。今年，是我即將邁入基隆高中的第三年，在班上的成績也都名列前茅，學習的成就感時常與我相伴，我想這就是老天爺給我安排最適合的一條路。

每個人都應該感謝自己可以做選擇，因為在選擇的過程中可以檢視自己，且更加的認識自己，於是便有更大的勇氣憑藉我們的選擇，以堅持的毅力、勇氣妝點屬於自己的一片天。

學校社團與服務經驗

再舉例來說，高中生豐富的社團生活、校外服務的經驗，或者學校規定的課外閱讀的心得報告作業，都是可以拿來轉化運用到相關的作文題目裡的。

難忘的志工初體驗

臺北·南湖高中一年級·黃鈺倫

一個人想要得到快樂，與其他人建立正向、健康的關係是關鍵。本以為快樂的鑰匙應該只掌握在自己手中，但原來其他人也能幫助我們開啟大門，尋求快樂的泉源。

進入高中，我參加了「熱血傳愛社」，這個服務隊讓我初次體驗了擔任志工的無價的快樂。服務隊的伙伴雖來自四面八方，各有不同的成長背景，但相同的是有一顆熱忱的心。

初次的志工體驗，我們來到宜蘭山區「四季國小」，我準備了三隻小時候最愛的玩偶，捐贈給原住民小朋友。當我見到他們拿到我親自為他們洗乾淨的玩偶時的雀躍，剎那間他們純真無邪的笑容觸感著我。我們還透過「繪本屋」的故事分享，藉由滿足小朋友們聽故事的渴望，讓他們從中學習做人處世的道理；而「氣球傘」和「大地闖關」豐富多元的遊戲，讓小朋友了解團隊合作的重要。而這些活動的設計與安排都在在成就了我的志工初體驗的生命經驗。

不吝於付出，是喜樂的。所謂「施比受更有福」，心甘情願的付出，能夠摧毀人們隔閡的高牆，伸出雙手擁抱，搭築交流的橋梁，讓陽光照進彼此的心牆。

在服務隊，我學習到「惜福感恩」以及「樂善好施」——珍惜自己所擁有，並且懂得在別人的需要上，分享擁有，從中看見自己的社會責任。

服務隊讓我的生命之書增添亮麗的色彩，這樣美好的經歷會深深地鐫刻在我的心版上。銘刻於我心的是孩子們純真的笑容，那些笑容足以讓我繼續擔任志工，定義自我價值。我希望以後我有更大的知識與力量，可以參與社會服務，關懷幫助更多需要幫助的人。

這是一個屬於自己獨一無二的經驗與體會，所以，就要善用這個難得的「機會經驗」加以運用。

以下面四個作文題目來舉例：

「難忘的笑容」：可以利用這個經驗，將焦點集中放在孩子們看到玩偶的笑容，帶領他們玩遊戲時的笑容，這些難忘的笑容所帶給你的啟發，還有未來努力的方向。

「施比受更有福」：可以利用這個經驗，將焦點集中放在未「走出去前」只會接收家人的「給予」，甚至覺得理所當然；但是當「走出去後」，在擔任志工的經驗中發現有能力去「付出」、「給予」是更大的快樂。

「快樂的泉源」：可以利用這個經驗，將焦點集中放在有能力付出，可以「被需要」是無價的快樂來源。

「善待自己」：可以將焦點集中放在一個善待自己的人，不會斤斤計較，以自我為中心，反而會善待別人，從付出的過程去感受幸福；一個善待自己的人，懂得走出自我的框架，充實自己。因此，就可以利用這個志工的經驗，加以說明。

大量閱讀的經驗

這裡再舉例一篇刊登在二〇一四年三月十七日《國語日報》的文章，這篇原來是學校規定的寒假指定閱讀課外讀物的作業。

《傾城之戀》讀後感

臺北．南湖高中一年級．黃鈺軒

我的母親很喜歡張愛玲的作品，她曾告訴我，張愛玲的名言是：「出名要趁早呀！來得太晚的話，快樂也不那麼痛快。」母親常以此砥礪我求學階段一定要努力踏穩每個步伐，莫要老大徒傷悲。因此，我對張愛玲的小說便起了興趣。

看完了張愛玲的《傾城之戀》，我發現跟就讀高一的我們有著很大的關係，當我們面臨到感情問題時該如何解決？能不能夠像女主角白流蘇一樣勇敢，不管旁人的流言蜚語，不畏懼人生路上的遍地荊棘，努力追求自己的目標，最終得到自己的幸福，

這是一篇相當值得推薦的小說，以下將分幾點提出我的看法：

第一：傳統女性的悲哀：傳統女人無法選擇自己的婚姻，像白流蘇嫁給了暴力相向的丈夫，雖然勇敢的離開婚姻，回到娘家，卻得不到家人的安慰，連母親都無法給她支持，還被家人看不起，覺得她是個掃把星。我覺得主要的原因在於傳統女性沒有工作能力，必須靠男人吃飯；相較於現代女性，受過教育、經濟獨立自主，即使遇到不公平的婚姻對待，比如：經濟、外遇、暴力，或是難搞的婆媳問題而離開婚姻，還是能夠養活自己，最後終究能闖出屬於自己的一片天。

第二：原生家庭對人的影響深遠：小說裡這樣介紹范柳原的原生家庭背景：「由於幼年時代的特殊環境，他的脾氣本來就有點怪僻。他父母的結合是非正式的。他父親有一次出洋考察，在倫敦結識了一個華僑交際花，兩人祕密地結了婚。原籍的太太也有點風聞。因為懼怕太太的報復，那二夫人始終不敢回國。范柳原就是在英國長大的。他父親故世以後，雖然大太太只有兩個女兒，范柳原要在法律上確定他的身分，卻有種種棘手之處。他孤身流落在英倫，很吃過一些苦，然後方才獲得了繼承權。至今范家的族人還對他抱著仇視的態度，因此他總是住在上海的時候多，輕易不回廣州老宅裡去。他年紀輕輕的時候受了些刺激，漸漸的就往放浪的一條路上走，嫖賭吃著，樣樣都來，獨獨無意於家庭幸福。」從這段話可以得知范柳原從小沒有得到家庭的溫暖，所以生活放蕩不羈，也沒有所謂的家庭觀念，可見原生家庭對一個小孩的成長是多麼的重要。因此，我更加知福惜福感恩自己所擁有的。

第三：美好的愛情要有兩情相悅與相同的價值觀為基礎：范柳原在征服了白流蘇，讓她乖乖就範後，也找了房子安頓她，當他又要開始他的「浪子」生涯，結果卻是因為太平洋戰爭爆發香港城陷落，他的船無法出航，他只好又回到白流蘇身邊，才造就兩人走入婚姻。但基本上這兩個人的愛情價值觀是不一樣的——范柳原是一個把愛情當遊戲的花心大少；白流蘇是一個只要找張長期飯票的女人——只是因為特殊的時空機緣，讓范柳原在眼見戰爭流離後，決定給白流蘇一張婚約保障。但這種狀況如果發生在現代的社會，兩個人是很難在一起的，因為美好的愛情得要兩情相悅，還要有相似的價值觀，才有可能走向美好。

第四：突破困境，立定目標：我非常佩服白流蘇，能夠在逆境中立定目標突破重重圍勇往直前，最後跌破大家的眼鏡，找到自己的幸福。我要在課業上向白流蘇學習，每天立定學習的目標，抗拒現代科技產品的誘惑，好好念書，才能突破自我的困境，考上理想的大學。

以上四點是我看完張愛玲的《傾城之戀》的心得感想，這是一篇張愛玲少數算得上喜劇的「團圓」作品，其中的對話也相當精采，感覺人物活靈活現隨著張愛玲的描摩出現在我的眼前，這是一篇相當值得閱讀與推薦的小說，讀者一定可以從中得到不同的啟發與學習。

（原載於《國語日報》，二〇一四年三月十七日）

這樣的一篇讀書心得我們可以怎樣運用呢？

如果作文題目是跟「書」有關的，那麼你的讀書報告就可派上用場，所以，同學們要踏穩腳步，戰戰兢兢認真完成學校規定的每一份作業。以下面兩個作文題目來舉例：

「我最愛的一本書」：要說明你喜愛的理由，用清楚明白的「條列式」呈現是個好方法。從原來的第一點，可以講到兩性平權的重要；從原來的第二點，可以感恩惜福自己來自幸福的家庭（若你的家庭有缺憾，則更可從你的經驗開展走向正面力量去寫）；從原來的第三點，可以學習與思考正確而健康的婚戀觀；從原來的第四點，可以講到此書帶給你的「勵志」的收穫。

「我和書的故事」：可以加強說明母親介紹這本書給你的前因後果，你看完後和母親的討論過程，以及這本書在你青澀的成長期帶給你什麼正面的影響和力量，那麼原來的第四點——「突破困境，立定目標」應該就是你要強調的部分。最後，要提到一本好書就是一位益友。為了達成理想，定要多讀好書，吸收書中的知識，才有機會完成目標。

如何讓閱卷老師
打高分

很多閱卷老師有這樣的經驗，往往會批閱到內容類似的文章，那應該看就是同一家補習班出來，因為寫得千篇一律，特別是引用名人名言、修辭和舉例，這樣的作文一定拿不到高分，因為都是硬背而來，沒有自己的獨立思考和經驗。要避免這些平庸又被氾濫使用的文句和例子，就必須要推陳出新，才能寫出屬於「自己」的作文。

所以，大量閱讀的功夫很重要，那是知識的累積，即使你是閱讀了作文範本去學習寫作，也只能學習其中的方法，勤記筆記，才能融會貫通，寫出內容充實，符合人情人理，獨特新穎的優質文章。

過去的作文範本，只要提到跟「挫折」的主題有關的，所舉的名言，不外乎就是孟子所說的：「天將降大任於斯人也，必先苦其心志，勞其筋骨，餓其體膚，空乏其身，行拂亂其所為，所以動心忍性，增益其所不能。」而舉例成功名人的例子，又大多是「十年生聚，十年教訓」臥薪嘗膽的勾踐、克服身體缺陷的鄭豐喜和杏林子、如何越挫越勇的發明家愛迪生。請同學們試想如果你是閱卷老師改到這樣了無新意、如出一轍、毫無特色的作文，你會打下高分嗎？

因此，一篇成功的作文內容要真摯，最好從個人經驗出發，讓情感真摯的流露。

若想在大考中作文拿高分，就得先站在閱卷老師的角度去考量，什麼樣的文章能得到閱卷老師的青睞與肯定。閱卷老師面對眾多的試卷，儘管有統一的評分標準，但見到毫無創新的文章，鐵定感到疲累，因此，有觀點、有見解、有深度，精要且雅致、唯美的文章，才能讓閱卷老師眼睛發亮，為之一震──作文版面整潔美觀、字體工整、大小適中、正確使用標點符號、優秀的開頭、完整的結構布局、用心的鍊句修辭、詩情畫意的意境安排以及耐人尋味、令人激賞的結尾——這些條件都能讓閱卷老師打下高分。

以下這篇〈因為有你〉是二〇一二年五月獲得第二十八屆武漢國際中學生楚才作文三等獎的作品。

因為有你

基隆・二信中學三年級・黃鈺倫

因為有你，我的人生像炫麗奪目的煙火，盡情綻放；因為有你，我的心情像廣闊湛藍的天空，展翅遨遊；因為有你，我的生活像五彩繽紛的顏料，豐富多彩。媽媽，妳在我的生命占著舉足輕重的地位。

從我呱呱墜地那一刻，你總是無微不至地照顧著我；你總是無怨無悔地對我默默付出；你總是不厭其煩地時刻叮嚀著我；你總是循循善誘地教導我做人處事的道理。當我遭遇挫折時，你是那抹溫暖和煦的陽光，照進我的心房；當我迷惘時，你是那盞黑暗中最明亮的燈塔，指引我正確的人生方

作者在這篇文章的開頭就用了「排比」的修辭技巧，敘述因為母親，他的人生像「煙火」、心情像「天空」、生活像「顏料」，而且以「炫麗奪目」形容煙火、以「廣闊湛藍」形容天空、以「五彩繽紛」形容顏料，所以他能「盡情綻放」、「展翅遨遊」、「豐富多彩」，作者以精準到位的用詞，發揮創

向；當我難過沮喪時，你是那陣滂沱的大雨，雨點洗滌我憂傷的心靈，在那之後是雨後天晴的碧藍天空和五顏六色的彩虹；當我犯錯時，你是天使，將我從昏暗的深淵中拉出，遠離烈火和荊棘的煎熬。

回憶國小畢業要考國中時，驕矜自滿的我以為自己必定會榜上有名，結果竟然名落孫山，令我難過萬分。媽媽告訴我跌倒是好事，要將挫敗當成通往成功的階梯，沒有人是一帆風順的，一生順遂的。媽媽的這番話讓我茅塞頓開。因為有你，點燃了我生命希望的火光。還有一次，常逞口舌之快的我無意間傷害了周遭的人，媽媽告訴我，語言是一把利刀，如果沒有善加使用它，會讓人遍體鱗傷，結果損失的是自己。於是我學習謹言慎行，因為有你，點醒了我性格的缺失。

感恩的心是生命中最強而有力的能量，其中包含了謙遜、覺察和智慧，並且和幸福亦步亦趨。因為有你，我要懷著感恩的心，知福惜福，同時你帶領著我尋找快樂的泉源，也

意、表現想像力，展現母親在他生命中舉足輕重的地位。

第二段則充分運用文句的特性，敘述母親對他無微不至與無怨無悔的養育和付出。描述在他遭遇挫折、感到迷惘、難過沮喪時，母親是如何陪伴與指引。最後一句——「當我犯錯時，你是天使，將我從昏暗的深淵中拉出，遠離烈火和荊棘的煎熬。」以「誇

給予我一把幸福的鑰匙，開啟屬於我自己的人生大門。

飾法」強調母愛的強大力量，利用寫作技巧營造引人入勝的情境，文采並茂。

第三段則恰如其分的取材，舉了兩個實際的生活經驗，一個是志得意滿參加考試卻名落孫山，母親不但以此機會教育也鼓勵：挫折是通往成功的階梯；另一個是逞口舌之快的性格缺失，母親要他學習謹言慎行。實際的生活舉例是很可以讓作文脱穎而出的，因為生動的議論形象，絕對勝過於羅列一大段高深的理論；書寫的句子如行雲流水，也勝過板著面孔説教。

最後一段，從「感恩的心」總結，以獨特的見解強調愛的能量，因為有母親，所以他要懷著感恩的心，知福惜福，同時尋找快樂的泉源，以一把幸福的鑰匙，開啟屬於他自己的人生大門。

這篇文章其實內容很平實，但情感卻相當真摯，作者以良好的情感態度，陳述文字中飽藏真情；採用合宜的寫作技巧，讓文章搖曳多姿；也在議論中貫穿生動形象的説理，熠熠生輝。

善用寓言
與網路故事舉例

秘笈小補充

初寫文章的同學，為了充實自己的立論，可以試著利用你課內或課外讀過的寓言小故事，以寓言的形式寫作，可以幫助你表達自己的意見和想法。例如在《伊索寓言》（這是集合了古希臘人的生活經驗和教訓的一本書）中有很多大家耳熟能詳的故事——〈龜兔賽跑〉和〈狼來了〉，前者在告誡：人要謙虛，不能驕傲；後者在說：誠實的重要，不可說謊。所以，只要是有關「謙虛」、「驕傲」；「誠實」、「說謊」的題目都可運用。

我們可以如何運用《伊索寓言》的故事呢？

〈獅子與老鼠〉

有一天，獅子在睡覺，一隻老鼠在牠身上跑來跑去，把獅子吵醒了，牠舉起爪子抓起老鼠，準備放進嘴裡，一口吃掉。老鼠大叫：「這一次就原諒我吧！我絕對不會忘記的，說不定什麼時候，我可以報答你。」

獅子聽到老鼠這麼說，覺得很好笑，牠是萬獸之王，怎可能需要這隻小老鼠的幫忙，不過，牠還是把爪子鬆開，放走了老鼠。不久之後，獅子掉進了陷阱，獵人想要活捉牠，就把獅子綁在一棵樹上，然後去找車子來載獅子。這時候，老鼠剛好經過這裡，看到獅子的困境，趕忙上前張開牠的小嘴巴，露出牠尖尖的牙齒，吱咕吱咕的咬斷了繩索，救了獅子一命。

同學們讀完這樣的故事，絕對不能全寫到作文裡，一定要再將文字精簡，寫成最扼要的敘述。如下所述：

有一天，一隻老鼠吵醒正在睡覺的獅子，獅子準備把老鼠吃掉；此時老鼠求饒，要獅子放過牠，也許有一天會有機會報答牠。獅子聽了覺得好笑，牠是萬獸之王，怎可能需要這隻小老鼠的幫忙，不過，還是放走了老鼠。不久之後，獅子掉進獵人的陷阱，此時，老鼠剛好經過，便咬斷了繩索，救了獅子一命。

原本「兩段」生動活潑有對話的故事，寫入作文裡「精簡扼要」成「四行半」的敘述文字，因為寓言故事是「綠葉」，你的看法和經驗才是「紅花」，在有限的篇幅裡，「綠葉」不能搶了「紅花」的風采，所以，運用寓言故事寫入文章，重點在於完整敘述故事就可以了。這樣也可讓閱卷老師看出你統整的工夫。

因此，凡是與「發揮專長」、「個人頂上一片天」、「創造自我」相關的作文題目都可利用這則寓言故事舉例說明。

〈農夫和兒子們的爭吵〉

有個農夫的兒子們常常互相爭鬥不休。他多次語重心長地勸說他們，仍無濟於事。有一天他叫兒子們去拿一把筷子來，他先把整把筷子交給他們，叫他們折斷。兒子們一個個竭盡了全力都無法將它折斷。之後，農夫解開了那把筷子，給他們每人一根。他們都毫不費力地就將筷子折為兩段。這時，農夫說：「你們看，一把筷子多結實，折不斷。一根筷子很容易就折斷了。你們不要吵了，團結起來才會有力量。」

因此，凡是與「團結」、「合作」相關的作文題目都可利用這則寓言故事舉例說明。

〈北風與太陽〉

北風和太陽正在爭論誰比較有本事，此時正好有個穿著斗篷的人走過。他們就說誰可以讓那個人脫掉斗篷，就算他比較有本事。於是，北風就拚命地吹。怎知，他吹得越厲害，那個人就越是用斗篷包緊自己。最後，北風沒辦法，只好放棄。接著，太陽出來曬了一下，那個人就立刻把斗篷脫掉了。於是，北風只好認輸了。

因此，凡是與「柔能克剛」、「強硬與溫和」相關的作文題目都可利用這則寓言故事舉例說明。

〈熊和兩個旅行人〉

有兩個人一起旅行，在路上碰到一隻熊。其中一個人迅速地爬到樹上躲起來。另外一人來不及逃走，只好躺在地上，屏住呼吸；熊走過來，用鼻子嗅遍他的全身，因為熊不吃死屍，所以就離開了。熊離開後，樹上的那個人爬了下來，問另一人說：「熊在你的耳邊說了些甚麼？」那人回答：「熊告訴我，不要跟在患難時會丟下你的人當朋友。」

因此，凡是與「友誼」、「患難見真情」、「朋友」、「益友與損友」相關的作文題目都可利用這則寓言故事舉例說明。

在網路上看到的好文章，也別忘了記錄在筆記中

老鼠爸爸嫁女兒

老鼠爸爸想要將他的女兒嫁給世界上最偉大的人。他認為「太陽」是最偉大的，於是先去找了「太陽」，但「太陽」說「雲」應該才是世界上最偉大的！因為，只要「雲」一飄過來就可以把他遮住；當老鼠爸爸去找「雲」時，「雲」卻說一陣「風」就可以把他吹散；當老鼠爸爸去找「風」時，「風」卻說一堵「牆」就可以把他擋住，所以「牆」比他還要偉大；老鼠爸爸就去找「牆」，問他要不要娶他女兒？「牆」卻說：「其實最偉大的是你們老鼠，只要你們一出現，在我身上挖洞，我也不偉大了。」老鼠爸爸終於知道要把女兒嫁給誰了。

因此，凡是與「天生我才必有用」、「人外有人，天外有天」、「看重自己」相關的作文題目都可利用這則故事舉例說明。

退休的木匠

有個老木匠即將退休，老闆雖捨不得他離開，卻最後要求他再蓋一間屋子再走。老木匠雖然答應了，但已無心好好工作。當屋子草草完工後，老闆說這間房子就是送給他的退休禮物。

這個故事在告訴我們：「盡忠職守」的重要，如果做事只是當一天和尚撞一天鐘，敷衍了事，最後終將得不償失。

因此，凡是與「盡忠職守」、「克盡己職」、「自律盡責」相關的作文題目都可利用這則故事舉例說明。

兩隻老虎

有兩隻老虎，一隻被關在籠子裡相當安逸，一隻在荒野中相當自由。但這兩隻老虎卻彼此羨慕對方，認為自己所處的環境不好。於是他們決定互換身分，剛開始時十分快樂。但不久後，兩隻老虎都死了：原本在籠子裡的那一隻飢餓而死；原本在荒野中的那一隻憂鬱而死。

這個故事在告訴我們：不要去羨慕別人所擁有而你所沒有的，知福惜福，珍惜擁有，才是幸福之人。

因此，凡是與「知福惜福」、「珍惜擁有」、「善待自己」相關的作文題目都可利用這則故事舉例說明。

總之，同學們的生活空間和社會歷練有限，不外乎就是家庭和學校，除了留心生活中的學問外，還要大量閱讀，用心取材，相信都能寫出自己的獨特性。

套用有限的
生活經驗

同學們的人生經驗不多，但作文卻又必須寫出深刻的自我經驗和體會，才能深刻動人，獲取高分。因此，同學們必須練習將其有限的生活體驗事件，套用到各種題型的作文中，成為第二或第三段的實例，可以拿來舉用，以充實內容。

舉例來說，一個國中生以自己從對數學的恐懼，到努力演算，克服困難的自我經驗，便可套用到〈學習甘苦談〉以及〈這一次，我終於做到了〉的題目中，真實而動人。

學習的甘苦談

基隆．二信中學二年級．黃鈺倫

學習是一條永無止盡的道路，雖然路上遍地荊棘，但沒有暗礁就激不起美麗的浪花，而學習最後的成果卻像雨過天青後那湛藍的天空一樣地炫麗耀眼，燦爛奪目，充滿人生希望的光輝。

在國中一年級時，因為數學成績總是不理想，所以所有科目裡，我最畏懼的就是數學，正因為害怕「他」，所以越想逃避他；越想遠離他，甚至因此自暴自棄，怨天尤人，認為數學是烈火的惡魔，對他充滿恐懼。但在師長的鼓勵和讚美下，我開始檢討，並反求諸己，找出自己的問題，反而加以改善，也漸漸接近他，每天認真演算，並思考問題，也勇於向老師發問，久而久之我的成績突飛猛進，不僅打敗心中的恐懼，還和「他」成了好朋友。

在成長的過程中，如履薄冰，如臨深淵，雖然常會遇到打擊和挫折，但我們不能灰心喪志，退縮逃避，像溫室裡的花朵一樣脆弱，無法面對生命的風雨；更要咬緊牙關，迎向挑戰，像小草一樣，到處繁衍，欣欣向榮。

經過艱辛的旅程後，那將是學習與成就堆疊出的一大片金黃飽滿的稻穗，豐收的成果是汗水和淚水所造成的，這就是成功的甘美滋味。

這一次，我終於做到了

基隆．二信中學二年級．黃鈺倫

對於剛進入國中的我而言，「數學」這門科目，總是讓我絞盡腦汁，卻也無法求得答案，所以每次面對如履薄冰，如臨深淵的考試總是讓我緊張萬分，心急如焚，而且考試的成績又慘不忍睹，十分不理想，所以我不喜歡接近「他」，甚至對「他」感到十分厭煩，畏懼不已。

在一次考試中，我嘗試著細心準備數學，結果我發現許多有趣的知識，成績甚至突飛猛進，師長也給了我溫暖的讚美與鼓勵，這不但讓我覺得很有成就感，也讓我體會到辛苦的付出，才能有豐富的收穫，更讓我領悟「這一次，我終於做到了」，並和「他」成了朋友。
「不經一番寒徹骨，焉得梅花撲鼻香。」梅花在寒風刺骨的冬季愈冷愈開花，釋放撲鼻而來的芬芳香氣。就像司馬遷在經過艱辛的人生挑戰後，成為傑出著名的史學家，並寫下對後代史學和文學有深遠影響的《史記》。我們要仿效小草的韌性，不要像溫室裡的花朵，無法承受挫折和失敗。
在未來的日子只要遇到困難時，我要秉持著「這一次，我終於做到了」的理念，迎向挑戰，綻放生命的花朵。

再看，一個學音樂的學生，就可將其練習與比賽過程中的酸甜苦辣、迷惘、受挫與成就整理成文字，再將其套用到作文裡。

且看以下四個作文題目——「挫折」、「迷失」、「堅持」以及「通關密語」，這位學生如何善用自己的一個比賽挫敗的經驗，以及整理過的「勵志」文句與名人佳句，套用到這四篇同為「勵志」類型的作文裡。

挫折

基隆．基隆高中音樂班三年級．黃聖珈

挫折是什麼？挫折是成功背後的艱辛；挫折是光輝之後的汗水；挫折是努力過後的疲憊。在人生旅途中，往往會遇到不順遂的事情，我們又該如何去克服呢？對我來說是要努力去突破逆境。

羅曼羅蘭曾說：「生命像一股激流，沒有岩石和暗礁，就激不起美麗的浪花。」依稀記得高一時，為了參加基隆市鋼琴比賽，焚膏繼晷，費盡心力地練習，希望能為自己八年學習音樂的歷程留下一個美好的回憶。幾個月來，我的雙手不停地在八十八個黑白鍵上來回遊走，享受著和普羅高菲夫戀愛的感覺。我有百分之兩百的十足把握，能順利地取得參加全國賽的資格，也能達成老師和父母對我的期許。

帶著大家的期許與祝福，我神采奕奕地走向舞臺，在三角琴前坐了下來，舞臺上的燈光打在我的身上，我深吸一口氣，樂曲中的音符在我的腦海中浮現。就在我整個音符跳躍時，我突然犯了演奏家最忌諱的大錯——忘譜。雖然只是一小段的忘譜，卻影響了我接下去的彈奏。結果出爐，我以零點零四分之差，與參加全國賽的代表權資格擦肩而過。我，流下了簌簌的淚水，我彷彿從天堂掉入地獄。

隔天回到學校後，對於師長朋友安慰的話語，在我耳裡聽起來卻是格外諷刺，我讓自己困在一個沒有音樂的枷鎖裡，我不願再和八十八個黑白鍵相聚，也不再聽任何一首優美動人的古典樂。

直到晚上我的雙親與我懇談也給我溫暖的擁抱，那時我才了解到，我不能辜負從小栽培我學習音樂的父母親。我也恍然大悟媽媽所說的：「挫折是上天送給我們最好的禮物。」

經歷了一次又一次的大小挫折，我已經有足夠的勇氣和智慧去挑戰未來生命中可能遇到的挫折，正所謂：「刀要石墨，人要事磨。」我深深地相信想要成為一位好的水手，必定要經歷波濤洶湧的海浪。

名人保羅曾說：「人生有如一本書，愚者匆匆翻閱；智者確實小心翼翼地仔細閱讀，因為他知道那是一本無法再回頭看第二遍的書。」我努力警惕自己要把握生命中的每一天，並且珍惜每一個在生命轉彎處的挫折和考驗，並在其中越挫越勇。

迷失

基隆．基隆高中音樂班三年級．黃聖珈

在不同的人生階段我們都可能遇到不同的迷失：有的人在夢境中迷失了自我；有的人在名利之間迷失了初衷。當我們面臨人生中的轉捩點，遇上重大考驗時，是最容易失去方向令自己彷徨無措。

依稀記得在高二那年，我也曾不小心弄丟了自己，迷失了方向。我參加了基隆市柳琴音樂比賽，最後卻竟然與第一名以零點零四分的差距，和全國賽的門票擦肩而過。當時的我，非常沮喪和挫敗，因為我充分地準備，並且帶著前年全國音樂賽優等的光環，自信滿滿的參加這次比賽。這樣的打擊讓我思忖著是否要放棄我最熱愛的音樂？

我站在人生的十字路口，彷徨，無奈……我該怎麼辦？同時在我人生中又來了一場風暴，我不再能完整地詮釋出每位音樂家所要呈現出的不同風格。我迷失了，我的基本功輪音的部分也無法達到老師的要求。我的手似乎不聽使喚，不再像以前那樣靈活。在這次比賽後我因此對音樂失去了熱忱。

然而，就在我開始懷疑自己時，我再次拿起樂譜，彈奏貝多芬的〈命運交響曲〉，令人震撼與折服，我想到我所敬佩的貝多芬一定也在他的生命中迷失過。

此刻，貝多芬讓我重拾信心。我不再迷失自己。跌倒了，不怕，爬起來，用一抹微笑感動人生。

有了這次的迷失經驗後，我告訴自己往後我一定要學習當個智者，努力充實過我生命的每一天。即使曾經我在人生中迷失過，我仍然相信我一定會在迷途中找到正確的方向努力邁進。

堅持

基隆．基隆高中音樂班三年級．黃聖珈

不管貝多芬在晚年時因重度耳聾，他仍堅持在音樂創作，用血淚感動世界；不管愛迪生在發明電燈泡時，一次次的失敗，他仍充滿鬥志和熱忱，堅持要用智慧點亮世界；不管許芳宜在報考華岡藝校舞蹈班時，她的芭蕾只考了三分，她仍堅持加倍努力，不斷地跟自己的極限挑戰，最後舞出了屬於自己的一片天。從這些人的成功經驗，可以得知：只有堅持，才有可能找到通往成功的道路。

還記得小時候學琴時，對於不熟練的小節，我總是一遍又一遍不停地反覆琢磨；當我樂句不通順時，我先以吟唱來取代手指的進行，再透過大腦的連結，用手指舞出動人的音樂，經過淬鍊後，成績更每每奪冠。只有自己才能深刻領悟到堅持的力量有多大。但是，在我成長的路途中，我也曾經不小心弄丟了自己，迷失了方向。依稀記得在高二那年，我參加了基隆市柳琴音樂比賽，我竟然與第一名以零點零四分的差距，和全國賽的入門票擦肩而過。當時的我，非常沮喪和挫敗，因為我充分地準備，並且帶著前年全國音樂賽優等的光環，自信滿滿的參加這次比賽。這樣的打擊讓我思忖著是否要放棄我最熱愛的音樂？但是有了父母和師長的鼓勵，讓我有了堅持夢想的動力。

在「堅持」的過程中，熱情是很重要的，堅持每天要花兩小時以上練習基本功和曲子，每天在四條線中來回遊走、和作曲家對話、和豆芽菜奮戰。我抱著滴水穿石的決心，每天腳踏實地的練琴。一天練習幾百次，因為懷抱對音樂的熱愛，所以在練琴的過程中，是苦是累，我都甘之如飴，從未放棄，這樣日復一日的練習，我終於得到老師讚賞的目光，我想這就是堅持的力量。

普里尼曾說：「在希望與失望的決鬥中，如果你用勇氣與堅決的雙手緊握著，勝利必屬於希望。」在追尋夢想的過程中，沒有人能一路順遂，也沒有人是永遠的成功或是失敗者。但我始終堅信著唯有堅持和毅力，才能展翅出屬於自己的一片天。

通關密語

基隆・基隆高中音樂班三年級・黃聖珈

不管貝多芬在晚年時因重度耳聾，他仍執著在音樂創作，用血淚感動世界；不管愛迪生在發明電燈泡時，一次次的失敗，他仍充滿鬥志和熱忱，堅持要用智慧點亮世界；不管許芳宜在報考華岡藝校舞蹈班時，她的芭蕾只考了三分，她仍加倍努力，不斷地跟自己的極限挑戰，最後舞出了屬於自己的一片天。從這些人的成功經驗，可以得知：只有堅持，才有可能找到通往成功的道路。因此，我的通關密語就是「堅持」。

在我成長的路途中，我也曾經不小心弄丟了自己，迷失了方向。依稀記得在高二那年，我參加了基隆市柳琴音樂比賽，我竟然與第一名以零點零四分的差距，和全國賽的入門票擦肩而過。當時的我，非常沮喪和挫敗，因為我充分地準備，並且帶著前年全國音樂賽優等的光環，自信滿滿的參加這次比賽。這樣的打擊讓我思忖著是否要放棄我最熱愛的音樂？但是有了父母和師長的鼓勵，讓我有了堅持夢想的動力。

在「堅持」的過程中，熱情是很重要的，堅持每天要花兩小時以上練習基本功和曲子，每天在四條線中來回遊走、和作曲家對話、和豆芽菜奮戰。我抱著滴水穿石的決心，每天腳踏實地的練琴。一天練習幾百次，因為懷抱對音樂的熱愛，所以在練琴的過程中，是苦是累，我都甘之如飴，從未放棄，這樣日復一日的練習，我終於得到老師讚賞的目光，我想這就是堅持的力量。

　名人保羅曾說：「人生猶如一本好書，愚者匆匆翻閱；智者卻是小心翼翼地仔細閱讀，因為他知道那是一本無法再回頭看第二遍的書。」我要學著當一個智者，繼續努力，我相信世界上再困難的事也怕「堅持」二字。做事有心，不半途而廢，一步步朝夢想前進，從不畏縮逃避，勇於嘗試挑戰自我，不需注重結果，過程是最重要的，態度決定一切，堅持不懈的努力。「堅持」才是我在人生的路途中最致勝的通關密語。

面對這四篇作文題目——「挫折」、「迷失」、「堅持」、「通關密語」，這位學生卻同樣在第二段都提到了她音樂比賽的失敗經驗，從這個失敗的經驗中談到她的挫折、迷失，堅持努力走下去的過程，之後，「通關密語」也一舉兩得運用了「堅持」的主題。而在「挫折」與「通關密語」中同樣運用了名人保羅曾說：「人生有如一本書，愚者匆匆翻閱；智者確實小心翼翼地仔細閱讀，因為他知道那是一本無法再回頭看第二遍的書。」作為結論的起頭。這些轉換的運用都充分利用了身為學生的生活體驗。

再舉一個例子來說，作文題目「因為有你」，不管你第一個想到的是媽媽、爸爸或老師，都應該整理下來，像是遇到「影響我最深的人」或是「感恩」之類的文章便可套用。

只要用心去體會成長過程的酸甜苦辣，並且整理成文字，應考時就能旁徵博引充分運用。

引用名人名言

引用經典的名人名句，可向閱卷老師展現你的博聞強記，藉以獲取加分的好印象。

平時讀教科書時，見到名句就要分類記錄，比如：古人云：「不經一番寒徹骨，焉得梅花撲鼻香？」孟子曰：「天將降大任於斯人也，必先苦其心志，勞其筋骨，餓其體膚，空乏其身，行拂亂其所為，所以動心忍性，增益其所不能。」凡人都說：「靠山山倒，靠人人老，靠自己最好。」像這一類的就是屬於「勵志類」的，只要主題是跟「考驗」、「突破」和「努力」相關的，都可放到文章裡，接著再加以呼應，提出自己的經驗和看法，如此便能充實文章的內容。

若常上網的同學在網路上看到好文章也是可以相同的利用。舉例來說，網路上流傳著巴菲特說的七段簡短精闢的名言，若你有機會看到了，就應該將這些話抄錄到你的筆記裡，且做好分類，就會知道遇到哪一類的文章可以拿出來適時運用。

1. 做你沒做過的事情叫成長；做你不願意做的事情叫改變；做你不敢做的事情叫突破。**↓勵志類**

（焦點在「自我考驗」）

2. 如果你向神求助，說明你相信神的能力；如果神沒有幫助你，說明神相信你的能力。**↓勵志類**

（焦點在「相信自己」）

3. 隨著年齡的增長，我們並不是失去了一些朋友，而是我們懂得了誰才是真正的朋友。**↓友情類**

（焦點在「知己」）

4. 當有人逼迫你去突破自己，你要感恩他，他是你生命中的貴人，也許你會因此而改變和蛻變。

↓成長類（焦點在「改變」）

5.當沒有人逼迫你，請自己逼迫自己，因為真正的改變是自己想改變。**↓成長類（焦點在「改變」）**

6.蛻變的過程是很痛苦的，但每一次的蛻變都會有成長的驚喜。**↓成長類（焦點在「突破」）**

7.巴菲特在美國一所大學舉行演講。有一個學生問他什麼樣的人生才是真正的成功？他沒有談到財富，而是說：「其實，你們到了我這個年紀的時候就會發現，衡量自己成功的標準就是有多少人在真正關心你、愛你。」**↓人生類（焦點在「愛」）**

＊

以下是提供給同學們參考與分類的名人名言。

1.培根：「一個機敏謹慎的人，一定會交一個好運。」

2.培根：「我認為善的定義就是有利於人類。」

3.培根：「友誼不但能使人生走出暴風驟雨的感情而走向陽光明媚的晴空，而且能使人擺脫黑暗混亂的胡思亂想而走入光明與理性的思考。」

4.培根：「對一個人的評價，不可視其財富出身，更不可視其學問的高下，而是要看他真實的品德。」

5.培根：「聰明的人造就機會多於碰機會。」
6.培根：「節儉是美德，惟需與寬厚結合。」
7.達爾文：「樂觀是希望的明燈，它指引著你從危險峽谷中步向坦途，使你得到新的生命新的希望，支持著你的理想永不泯滅。」
8.杜思妥耶夫斯基：「沒有理想，即沒有某種美好的願望，也就永遠不會有美好的現實。」
9.高爾基：「一個人的價值，全決定於他自己。」
10.高爾基：「要熱愛書，它會使你的生活輕鬆；它會友愛地來幫助你瞭解紛繁複雜的思想情感和事件；它會教導你尊重別人和你自己；它以熱愛世界熱愛人類的情感來鼓舞智慧和心靈。」
11.高爾基：「不要慨嘆生活的痛苦！慨嘆是弱者……。」
12.福蘭克林：「二十歲時支配作用的是意志，三十歲時是機智，四十歲時是判斷。」
13.福蘭克林：「我未曾見過一個早起勤奮謹慎誠實的人抱怨命運不好；良好的品格，優良的習慣，堅強的意志，是不會被假設所謂的命運擊敗的。」
14.福蘭克林：「誠實是最好的政策。」
15.福蘭克林：「絕望毀掉了一些人，而傲慢則毀掉了許多人。」
16.福蘭克林：「盡力做好一件事，實乃人生之首務。」
17.福蘭克林：「誠實和勤勉應該成為你永久的伴侶。」

18. 福蘭克林：「良好的態度對於事業與社會的關係，正如機油對於機器一樣重要。」
19. 愛因斯坦：「對於我來說，生命的意義在於設身處地替別人著想，憂他人之憂，樂他人之樂。」
20. 愛因斯坦：「人生價值，應該看他貢獻什麼，而不是取得什麼。」
21. 愛因斯坦：「啟發我並永遠使我充滿生活樂趣的理想是真、善、美。」
22. 愛因斯坦：「生命會給你所要的東西，只要你不斷地向它要，只要你在要的時候講得清楚。」
23. 愛因斯坦：「一個人對社會的價值首先取決於他的感情、思想和行動，對增進人類利益起多大作用。」
24. 歌德：「人生一世不就是為了化短暫的事物為永久的嗎？要做到這一步，就須懂得如何珍視這短暫和永久。」
25. 歌德：「誰要是遊戲人生，他就一事無成；誰不能主宰自己，永遠是一個奴隸。」
26. 歌德：「如果工作是一種樂趣，人生就是天堂！」
27. 歌德：「你若要喜愛自己的價值，你就得給世界創造價值。」
28. 歌德：「凡不是就著淚水吃過麵包的人是不懂得人生之味的人。」
29. 愛迪生：「謙虛不僅是一種裝飾品，也是美德的護衛。」
30. 愛迪生：「人生太短，要做的事太多，我要爭分奪秒。」
31. 愛迪生：「偉大人物的最明顯的標誌，就是他堅強的意志，不管環境變換到何種地步，他的初衷與希望仍不會有絲毫的改變，而終於克服障礙，以達到期望的目的。」

32. 列夫．托爾斯泰：「人生的價值，並不是用時間，而是用深度量去衡量的。」

33. 列夫．托爾斯泰：「一個有良知而純潔的人，覺得人生是一件甜美而快樂的事。」

34. 列夫．托爾斯泰：「理想是指路明燈。沒有理想，就沒有堅定的方向；沒有方向，就沒有生活。」

35. 列夫．托爾斯泰：「做好事的樂趣乃是人生唯一可靠的幸福。」

36. 列夫．托爾斯泰：「所謂人生，是一刻也不停地變化著的。就是肉體生命的衰弱和靈魂生命的強大、擴大。」

37. 巴爾札克：「一個能思想的人，才是一個力量無邊的人。」

38. 巴爾札克：「苦難是人生的老師。」

39. 巴爾札克：「自滿、自高自大和輕信是人生的三大暗礁。」

40. 巴爾札克：「我認為人生最美好的主旨和人類生活最幸福的結果，無過於學習了。」

41. 巴爾札克：「通過辛勤工作獲得財富才是人生的大快事。」

42. 羅曼．羅蘭：「人生是一場無休、無歇、無情的戰鬥，凡是要做個夠得上稱為人的人，都得時時向無形的敵人作戰。」

43. 羅曼．羅蘭：「人生不發行往返車票，一旦出發了就再也不會歸來了。」

44.史達林：「有理想的人，生活總是火熱的。」
45.史達林：「人生最寶貴的是生命，人生最需要的是學習，人生最愉快的是工作，人生最重要的是友誼。」
46.愛默生：「健康是人生的第一財富。」
47.愛默生：「友誼是人生的調味品，也是人生的止痛藥。」
48.蘇格拉底：「真正高明的人，就是能夠借助別人的智慧，來使自己不受蒙蔽的人。」
49.蘇格拉底：「知足是天然的財富，奢侈是人為的貧窮。」
50.蘇格拉底：「最有希望的成功者，並不是才幹出眾的人，而是那些善於利用每一時機去發掘開拓的人。」
51.蘇格拉底：「磨難是成就人格的最高學府。」
52.李嘉誠：「有理想在的地方，地獄就是天堂。」
53.李嘉誠：「發光並非太陽的專利，你也可以發光。」
54.亞里斯多德：「人生最終的價值在覺醒和思考的能力，而不只在於生存。」
55.亞里斯多德：「德可以分為兩種：一種是智慧的德，另一種是行為的德。前者是從學習中得來的，後者是從實踐中得來的。」
56.奧斯勃：「我們活在世上不是為自己而向生活索取什麼，而是試圖使別人生活得更幸福。」

57. 佛洛伊德：「人生就像弈棋，一步失誤，全盤皆輸，這是令人悲哀之事；而且人生還不如弈棋，不可能再來一局，也不能悔棋。」

58. 福樓拜：「一生中，最光輝的一天並非功成名就的那一天，而是從悲嘆與絕望中產生對人生挑戰與勇敢邁向意志的那一天。」

59. 姚樂絲．卡內基：「沒有人生目標的人，人生本身就是乏味無聊的。」

60. 蕭伯納：「有自信的人可以化渺小為偉大，化平凡為神奇。」

61. 斯賓塞：「必須記住我們學習的時間是有限的。時間有限，不只由於人生短促，更由於人的紛繁。我們應該力求把我們所有的時間用去做最有益的事。」

62. 莎士比亞：「無論一個人的天賦如何優異，外表或內心如何美好，也必須在他的德性的光輝照耀到他人身上發生了熱力，再由感受他的熱力的人把那熱力反射到自己身上的時候，才能體會到他本身的價值。」

63. 俾斯麥：「如果人生的途程上沒有障礙，人還有什麼可做的呢。」

64. 馬斯洛：「心若改變，你的態度跟著改變。態度改變，你的習慣跟著改變。習慣改變，你的性格跟著改變。性格改變，你的人生跟著改變。」

65. 屠格涅夫：「生活中沒有理想的人，是可憐的人。」

66. 羅斯福：「人生就像打橄欖球一樣，不能犯規，也不要閃避球，而應向底線衝過去。」

67. 盧梭：「人生的價值是由自己決定的。」
68. 蘇轍：「人生在世，不出一番好議論，不留一番好事業，終日飽食暖衣，不所用心，何自別於禽獸。」
69. 席勒：「真正的價值並不在人生的舞臺上，而在我們扮演的角色中。」
70. 余秋雨：「閱讀的最大理由是想擺脫平庸，早一天就多一份人生的精彩；遲一天就多一天平庸的困擾。」
71. 狄德羅：「人生是海洋，希望是舵手的羅盤，使人們在暴風雨中不致迷失方向。」
72. 雨果：「知識是人生旅途中的資糧。」
73. 李白：「人生貴相知，何必金與錢。」
74. 泰戈爾：「人生雖只有幾十春秋，但它決不是夢一般的幻滅，而是有著無窮可歌可頌的深長意義的；附和真理，生命便會得到永生。」
75. 哈伯特：「對於一艘盲目航行的船來說，所有的風都是逆風。」
76. 茅盾：「書本上的知識而外，尚須從生活的人生中獲得知識。」
77. 特萊斯：「人生最困難的事情是認識自己。」
78. 李大釗：「知識是引導人生到光明與真實境界的燈燭。」
79. 叔本華：「沒有人生活在過去，也沒有人生活在未來，現在是生命確實占有的唯一形態。」

80.雨果：「應該相信，自己是生活的戰勝者。」
81.拿破崙：「人生的光榮，不在於永不言敗，而在於能夠屢撲屢起。」
82.莊周：「人生天地之間，若白駒之過隙，忽然而已。」
83.羅丹：「為了生活中努力發揮自己的作用，熱愛人生吧。」
84.牛頓：「愉快的生活是由愉快的思想造成的。」
85.巴金：「奮鬥就是生活，人生唯有前進。」
86.柏拉圖：「人是尋求意義的動物。」
87.塞涅卡：「人生如同故事。重要的並不在有多長，而是在有多好。」
88.卡耐基：「有的人愛說目標很難達到，那是由於他們的意志薄弱所致。」
89.魯迅：「人生得一知己足矣。」
90.汪國真：「人生是跋涉，也是旅行；是等待，也是重逢；是探險，也是尋寶；是眼淚，也是歌聲。」
91.居里夫人：「我們必須有恆心，尤其要有自信！我們必須相信我們的天賦是要用來做某種事情的，無論代價多麼大，都必須做到。」
92.馬克．吐溫：「善良，是一種世界通用的語言，它可以使盲人感到，聾子聞到。」
93.達．芬奇：「謙卑的人會變得高貴。」

94. 貝多芬：「涓滴之水終可磨損大石，不是由於它力量強大，而是由於晝夜不捨的滴墜。只有勤奮不懈的努力才能夠獲得那些技巧。」

95. 李嘉誠：「如果取得別人的信任，你就必須做出承諾，一經承諾之後，便要負責到底，即使中途有困難，也要堅守諾言。」

96. 李嘉誠：「力爭上游，雖然辛苦，但也充滿了機會。我們做任何事，都應該有一番雄心壯志，立下遠大和目標，用熱忱激發自己幹事業的動力。」

97. 李嘉誠：「只有博大的胸襟，自己才不會那麼驕傲，不會認為自己樣樣出眾，承認其他人的長處，得到他人的幫助，這便是古人所說的有容乃大的道理。」

98. 諾貝爾文學獎得主莫言：「世上沒有過不去的事情，只有回不去的。」

99. 達賴喇嘛：「這個世界上並不需要更多成功的人，但是迫切需要各式各樣能夠帶來和平的人；能夠療癒的人；能夠修復的人；會說故事的人；還有懂愛的人。」

100. 阿里巴巴的創辦人馬雲：「今天很殘酷，明天更殘酷，後天很美好。但大部分人死在明天的晚上。」

鍊句修辭拿高分

作文要想拿高分，一定要能適當使用可以增加文章美感的嘉言名句，除了將平時在課本中所學的典故文句抄錄整理外，也要大量閱讀課外讀物，並勤作筆記，屆時遇到作文題目才能針對主題旁徵博引，增加文章的看頭，舉例來說：

提到關於「**雅量**」，你的可用辭彙就該出現——豁達大度；海納百川；寬宏大量；有容乃大；氣度寬宏；以德抱怨；得饒人處且饒人；宰相肚裡能撐船；忍一時風平浪靜，退一步海闊天空；無道人之短，無說己之長；君子坦蕩蕩，小人常戚戚。

提到關於「**讀書**」，你的可用辭彙就該出現——勤學苦練；專心致志；貧者因書而富，富者因書而貴；讀書破萬卷，下筆如有神；學而不思則罔，思而不學則殆；知之者不如好之者，好之者不如樂之者；學海無涯，勤是岸；青雲有路，志為梯；腹有詩書氣自華。

提到關於「**有恆**」，你的可用辭彙就該出現——有始有終；水滴石穿；持之以恆；學貴有恆；學無止境；磨杵成針；路遙知馬力，日久見人心；吃得苦中苦，方為人上人。

提到關於「**立志**」，你的可用辭彙就該出現——千里之志；有志者事竟成；不撓不折；心如金石；矢志不渝；壯志凌雲；百折不撓；志在必得；忍辱負重。

提到關於「**團結**」，你的可用辭彙就該出現——人心齊，泰山移；兄弟齊心，齊力斷金；同心僇力；群策群力；精誠團結；同心同德；合作無間；集思廣益；三人同心，其利斷金；同舟共濟；有福同享，有難同當；風雨同舟；眾志成城；三個臭皮匠勝過一個諸葛亮。

無力。從基本的「積字成句」到「積句成章」，文章就能逐漸豐富而生動，有效利用最妥貼的文句去傳達你所要表達的意思——不要故意用偏僻的字或詞，賣弄學問；也不要用方言俚語；用字要簡潔，贅言餘字都會顯得無力。

相信

基隆．基隆高中三年級音樂班．黃聖珈

蝸牛相信自己只要一步一腳印地朝目標爬行，雖然緩慢，也能達到自己的目的地；水滴相信自己只要日復一日年復一年，雖然脆弱也能造就滴水穿石的奇蹟。我也相信只要秉持堅持和毅力，必能在努力過後達成目標。

猶記在國二時，我代表基隆市參加全國的柳琴音樂比賽，比賽的剎那間，我的弦竟然斷了，此時彷彿空氣也凝固了，頓時，臺下一片寂靜，我能清楚地聽見我的心怦跳著。柳琴在抖，因為我的手也在抖，鼻子開始發酸，眼睛開始濕潤，我恨不得衝下臺去，拋開這一切。比賽過後，我思忖著是

本篇作文第一段先舉「蝸牛」和「水滴」為例，再提到自己相信只要擁有堅持和毅力，也必能達成目標。之後舉例一場比賽的失敗，後來又是如何在失望挫折中再度相信自己，最後舉許芳宜和吳寶春相信自己的成功經驗加

否該繼續走音樂的路？我開始懷疑自己是否有勇氣再次拿起我心愛的柳琴？

　　一次意外翻閱了《相信自己》的勵志書，突然頓悟自己的敵人並非他人而是自己。我相信唯有秉持不屈不撓的毅力和決心，才能戰勝自己。我又開始在柳琴的四條弦中來回盡情撩撥，當時只有一顆永不放棄的心陪伴我，終於在我高一時，我參加全國柳琴音樂比賽順利拿到優等。

　　假若沒有相信自己的能力，我想我就會怯懦畏縮，也就無法領悟到相信自己必能激發出自己最大的潛能。毋庸置疑地，人想要得到成就感的滿足，必先苦其心志，勞其筋骨，並有著相信自己的信念，這樣一來，才能打敗蜷縮在內心中彷徨的自己。反之；若是一味地懷疑自己，就失去了展現自己的最好機會。猶如舞蹈家許芳宜也是因為相信自己能達成目標，才能舞出自己的一片天空；又如麵包師傅吳寶春相信自己能創造出屬於自己獨一無二的麵包，才能擄獲每位消費者的味蕾。

以印證。全篇的字句與主旨和情感都相當吻合。

　　除了「鍊句」外，利用各種「修辭」技巧，讓句子變得活潑生動——排比法、呼告法、誇飾法、借代法、設問法、比喻法、倒反法、對比法、對偶法、頂真法，以及寫作技巧的運用和布局，都會讓文章變得更具韻味的美感。

　　大仲馬曾說：「生活沒有目標，就像航海沒有指南針。」在成長的旅途中有快樂、有悲傷，我們一定要「相信」唯有腳踏實地、認真充實地過每一天才能留下璀璨美好的人生。

【排比法】

一件快樂的事

基隆．二信中學二年級．黃鈺倫

「快樂」是一雙潔白的翅膀，帶領我們迎向碧藍澄淨的天空，使人紓解壓力；「快樂」是一把理想的鑰匙，開啟我們夢想的大門；「快樂」是一條清澈見底的小溪，輕鬆愉悅地流動著；「快樂」是一首悅耳動聽的歌曲，沉澱心中瑣碎繁雜的事物；「快樂」是一條廣闊無邊的星空，洗滌心靈的憂傷，讓卑微渺小的自己得到心靈的慰藉。

快樂是簡單的，它總是發生在生活周遭，而最讓我快樂的一件事是旅行。我曾搭機飛抵歐洲的世外桃源——克羅埃西亞，在首都有間相當有名的「分手博物館」，博物館內陳列五花八門的分手紀念品，每個紀念品都隱藏著一則則感人肺腑的故事，其中有一對「瓷娃娃」最讓我印象深刻的，那

〈一件快樂的事〉第一段開宗明義就以「排比」修辭展開——「快樂」是一雙潔白的翅膀，帶領我們迎向碧藍澄淨的天空，使人紓解壓力；「快樂」是一把理想的鑰匙，開啟我們夢想的大門；「快樂」是一條清澈見底的小溪，輕鬆愉悅地流動著；「快樂」

是一位為了逃離家暴而移居愛爾蘭的女士送來的紀念物。當年她面臨生活困頓的低潮時，在市集見到一個拿著一個信封，另一個在編織毛衣的瓷娃娃，正好符合她兩個女兒的興趣——一個喜歡閱讀書寫；另一個喜歡女紅，於是她買下代表她兩個女兒的瓷娃娃。往後瓷娃娃成為她們母女的心靈慰藉，一起度過生命的難關。而在她兩個女兒長大離家，各有成就後，她將瓷娃娃捐給分手博物館，並感謝上天讓她離開暴力的婚姻，給予她再一次重生的機會，放下過去，找到新的人生價值。

我認為分手博物館是一間「愛」的博物館，它傳達悲傷也可以是件好事，每次的分手都讓我們從另一個角度看待生命，能對分手懷有敬意，才能開始新戀情；能放手，代表已經準備好再次出發，每一個人生的經驗和歷程都是好的、正面的，帶給我們向上的力量。對我而言「旅行」是一件快樂的事，除了能欣賞沿途美不勝收的宜人風景，更讓我體悟人生的道理，帶給我無限的快樂。

是一首悅耳動聽的歌曲，沉澱心中瑣碎繁雜的事物；「快樂」是一條廣闊無邊的星空，洗滌心靈的憂傷，讓卑微渺小的自己得到心靈的慰藉——文中將「快樂」分別用「一雙潔白的翅膀」、「一把理想的鑰匙」、「一條清澈見底的小溪」和「一條廣闊無邊的星空」去說明快樂，是個相當不錯的起頭。

人生是美好的，旅程中有喜悅，也有荊棘，只要用心體會，運用智慧與毅力，便能累積一件件快樂的事，讓人生美好永存。

祕笈小補充

排比法，是最受閱卷老師青睞的修辭法，因為相同的句子熱鬧繁複的突顯，強調了所要表達的重點，其所要說明的事理就會在語氣一致的語句，或結構相同或相似的句法中有力展現。

【呼告法】

兩性平權的今昔

澎湖・文光國中一年級・康維真

「兩性平權」顧名思義，即是性別平等。中國自古流傳「男尊女卑」、「女子無才便是德」此類的句子，皆是女性地位卑微的表徵。

但有些時候，女性的地位還比男性高呢！像秦朝建築萬里長城時，兒子長大成人後，卻必須替秦始皇建萬里長城，最終喪生在長城之下，所以蔡邕的〈飲馬長城窟行〉中寫道：「生男慎莫舉，生女哺用脯。」即是當時女性地位高於男性的寫照。還有，唐朝的楊貴妃是個天生麗質的女子，她集三千寵愛於其一身，楊家的男性因為她的關係而飛黃騰達，突顯了男性比不上女性，白居易的〈長恨歌〉中寫道「姊妹弟兄皆列土，可憐光彩生門戶。遂令天下父母心，不重生男

〈兩性平權的今昔〉就是以「呼告法」作結——「各位有志的男女青年朋友們！就讓我們現在一起努力，攜手共創一個兩性平權的地球村。」

重生女。」就是當時重視女性最貼切的寫照。猶如現代社會中的泰國總理盈拉；宏達電子、威盛電子董事長王雪紅；第八屆十大傑出女青年的杏林子……，更證實能力不因性別差異有所不同。

可是，世界各國仍有許多老闆不願意僱用女性員工，因為女性若面臨生產時，雇主必須給予八週之產假。有些雇主認為這是浪費成本，卻沒顧慮到那是上帝賦予女性重要的使命。以前也有一些公司，為了避免女性因為要兼顧家庭與事業而影響工作，便對女員工提出「禁婚條款」或「禁孕條款」，這些都是對女性非常不公平的。

在這個文明的世紀中，女性的地位日漸受到肯定，也有越來越多的女性位居高官要職，但男性和女性的權利，仍然很難在天平的兩端尋求平衡，仍得靠政府、民間以及大小企業的努力，人民刻板印象的改革。各位有志的男女青年朋友們！就讓我們現在一起努力，攜手共創一個兩性平權的地球村。

祕笈小補充

當說理敘述到一個高峰時，可以運用「呼告法」——對想像中的對象傾訴、呼喊、喚醒，似乎這個人就在眼前，不但增加了感染力也提昇了抒情的效果。

【誇飾法】

一雙溫暖的手

基隆．二信中學二年級．黃鈺倫

在生活中總是充滿著感人肺腑，動人心弦的溫馨景象。一雙溫柔注視的眼神、一句讚美的話語、一雙溫暖的手都帶給我們立志向上的能量。

我常常想起媽媽那雙溫暖的手。從我呱呱墜地的那一刻起，她是二十四小時不打烊的天使，無微不至的細心照顧、呵護著我；她是陰沉黑暗中最光明璀璨的燈塔，當我徬徨迷惘時，指引我迷失的方向，讓我確定自己的目標；她是我生命中的珍本祕笈，以她豐富的學識和慧心良善，一絲不苟的教導我學問知識和做人處事的道理。千言萬語也無法形容媽媽的勞苦功高，她那雙全宇宙最溫暖的手讓我刻骨銘心，深深地印在我的心版上。

〈一雙溫暖的手〉誇張地敘述媽媽是「二十四小時不打烊的天使」，無微不至的細心照顧他，又說是「陰沉黑暗中最光明璀璨的燈塔」指引他迷失的方向，最後還說勞苦功高的媽媽用那雙「全宇宙」最溫暖的手讓他刻骨銘心。

　溫暖的手，讓人在挫折的深淵中重新找回自我，不屈不撓，迎向挑戰，讓我們更加堅強，也給予我們無窮無盡的力量，正因如此，每一個人都應該懷有「感恩的心」，並將這份溫暖像種子一般地播種灌溉，把愛傳遞給他人，分享這份的感動，這包含了謙遜、覺察和智慧的態度，並且和幸福亦步亦趨。

　在未來當我有能力，我要伸出可以讓別人感到溫暖的雙手，照耀著別人，關懷著別人，默默地付出，展現人性的「真、善、美」，綻放生命的光輝。

祕笈小補充

所謂「誇飾」就是一種誇張的修飾，一看就是離事實相差很遠，可以是時間、空間、人情或物品的誇飾，然而，正也因為如此的語出驚人，所以讀者反而不會去懷疑它的真實性。

【借代法】

我想成為那樣的人

基隆・基隆高中三年級音樂班・黃聖珈

有人想要成為「白衣天使」，冒險救人；有人想要成為「飛毛腿」，在國際賽事為國增光；有人想要「春風化雨」，把自己所學的知識傳授給學生；還有些人想要成為伸張正義的「人民保姆」打擊犯罪。

就學音樂的我而言，我想成為像郎朗那樣的人，能夠用流行音樂的表達方法詮釋古典，將古典音樂內斂的情感，用詩飾的手法表現。將西方的音樂融入東方的樂器，把中國音樂的美帶到世界的每個角落。他的自信、熱情和堅持的態度是值得我學習的。我曾經在他的自傳《我用鋼琴改變世界》中，看到他的父親用「沒有明天」那樣的精神鞭策他。他的父親說：「你一定得像活不過明天那樣地練琴，你是第一名

〈我想成為那樣的人〉就用「白衣天使」借代「護士」；用「飛毛腿」借代「健步如飛的跑者」；用「春風化雨」借代「老師」；用「人民保姆」借代「警察」。

，永遠的第一名。」所以，郎朗用「沒有明天」的精神鞭策自己；他用「沒有明天」的努力踏實築夢；他用「沒有明天」的決心去珍惜每次在舞臺上發光發熱的機會。這也就是為什麼他能被評選為「將改變世界的十二位年輕人」。

我從郎朗的身上學到做任何事都要不畏艱難，披荊斬棘，抱著破釜成舟的心去完成上天所給你的挫折和考驗。那種成功才是最真實的。當我在學琴的過程中，遇到瓶頸，我總會想起我的挫折也不過是郎朗的萬分之一，他的堅持讓我想要成為他那樣的人，更有動力在冷颼颼的夜晚、在豔陽高照的夏日裡，堅持在柳琴的四條弦中來回撩撥。

阿里巴巴的創辦人馬雲曾說：「別在最能夠吃苦的年紀，選擇了安逸。」我想我要趁我年輕時，去冒險、去吃苦、去體悟，去揮灑屬於自己的青春。我相信在經歷風吹雨打之後，也許會傷痕累累，但是在苦了心志、勞了筋骨、餓了體膚之後，我依然能像郎朗一樣在前進的道路上，堅韌上進的砥礪自己，讓自己努力成為像郎朗那樣的人。

祕笈小補充

借代，顧名思義是指在行文中，借用其他的名稱或詞句，故意替代經常使用的名稱或詞句。

【設問法】

幸福

基隆．基隆高中三年級音樂班．黃聖珈

什麼是幸福呢？其實幸福是很簡單的，一句祝福、一個擁抱、一聲鼓勵、一張賀卡都能帶給我們滿滿的幸福；什麼是幸福呢？回到家能吃到一頓媽媽親手做的佳餚，就是幸福；在颱風夜，爸爸特地開車送我去學校，也是一種幸福；人不舒服發高燒時，媽媽一直在床旁照料我，也是一種幸福。

依稀記得國三時，我和學姊同時代表學校參加基隆市的柳琴音樂比賽，並要爭取參加全國音樂比賽的資格。為了要得到代表權，我不停地和豆芽菜在柳琴的四條弦上來回遊走，在夜深人靜的夜裡，我彷彿和音樂大師王惠然對話著，深刻地感覺到作者在樂曲中所表達的意境。

正所謂「臺上十分鐘，臺下十年功」我讓自己準備到百

在〈幸福〉中，一開頭就連續提出了兩個問題——「什麼是幸福呢？其實幸福是很簡單的，一句祝福、一個擁抱、一聲鼓勵、一張賀卡都能帶給我們滿滿的幸福；什麼是幸福呢？回到家能吃到一頓媽媽親手做的佳餚，就是幸福；在颱風夜，爸爸特地開車送我去

分之兩百的狀態，我神采奕奕地上了臺，並完美地展現自己。在等待成績揭曉時，一股緊張又興奮的心情湧上心頭，我提醒自己不管成績如何，都不能影響到我和學姊的情誼。就在成績揭曉的那一刻，我看到了「黃聖珈」三個字——代表基隆市參加全國賽，我壓抑著心中的喜悅，只是微笑而謙虛地回應學姊的恭喜。在學音樂的歷程中，我清楚地知道：「努力不一定會成功，但不努力一定不會成功。」因此，對我來說付出百分之兩百的努力，能得到相同的回報就是最簡單的「幸福」了。

我想，幸福是一種獲得，也是一種付出。幸福就像是一筆財富，一筆無法用金錢去衡量的巨大精神財富，它需要用心體會感受，用心去呵護，用實際行動去加倍珍惜。你就會發現幸福的青鳥就在你身邊。

學校，也是一種幸福；人不舒服發高燒時，媽媽一直在床旁照料我，也是一種幸福。」

祕笈小補充

設問法，指的是不直接陳述，而故意以提問帶出重點的筆法，以引起讀者注意的一種修辭技巧，先設計好問題，讓讀者產生疑惑，然後再說出答案。

【比喻法】

我的煩惱

澎湖．文光國中一年級．康維真

如果人生是一片汪洋，那煩惱就像漩渦；如果人生的旅途是一池深淵，那煩惱就像一個黑洞，讓你在毫無預警中，陷落進去。每個人都有自己的煩惱，而每個人面對煩惱的方法也不相同，其實，這也暗中塑造了一個人的成就、思想和價值觀。

每個國中生的煩惱大都來自課業、師長、同儕吧！當然，我也不例外。在同儕之間，大家互相競爭、比較，煩惱也隨之而來。有時，同學一句無心的話語，卻讓人在夏天也感到寒冷，開始擔心、煩惱，不知如何面對和解決？這時我就會用「微笑」來解決了，大家常說「滿腔歡喜，笑開天下古今愁。」正是此意。快樂是最好的跟隨者，隨著嘴角上揚，

在〈我的煩惱〉中，作者將煩惱比喻為人生汪洋中的「漩渦」、人生深淵中的「黑洞」。還把煩惱比喻為「最好的老師」和「最壞的朋友」——「適量的煩惱可以讓你的心沉靜下來，把每件事想清楚；相反的，過量的煩惱就如同你在濃霧中行駛車輛，看不清

快樂也充滿內心，煩惱也戰敗，離開了。

煩惱，可說是最好的老師，也可以說是最壞的朋友。適量的煩惱可以讓你的心沉靜下來，把每件事想清楚；相反的，過量的煩惱就如同你在濃霧中行駛車輛，看不清眼前的路，隨便往某個方向行駛，因為這時你的思緒，已經被煩惱矇蔽住，無法思考，心煩意亂，這時的煩惱就會把你拉到谷底，成為你的絆腳石。像我有一次月考，因為心中正煩惱著上一科的成績如何，而沒有用清晰的思路，來面對接下來的考試，結果兩科都考差了，真是得不償失啊！這也讓我知道煩惱的可怕。

希望每個人面對自己的煩惱，都可以適量抒發，偶爾留一些時間給自己，沉澱心湖，讓心湖的水保持清澈，永不汙濁。另外，也可以把煩惱變成生命旅程中的助力，而不要成為人生中的阻力。大家常說：「前腳往前跨了一步，後腳也要離地，才能向前移動。」人生的道理也是如此，一定要放下煩惱，才能繼續往前走，邁向人生更光明的一頭。

眼前的路，隨便往某個方向行駛，因為這時你的思緒，已經被煩惱矇蔽住，無法思考，心煩意亂……」

祕笈小補充

比喻法，就是用打比方的方法，用具體的事物把抽象的道理清楚表達，加以說明。

【倒反法】

應變

基隆．基隆高中三年級音樂班．黃聖珈

應變，是不憂不懼；應變，是臨危不亂；應變，是圓融通達。在人生的道路上，難免都會遭遇突如其來意想不及的狀況，我們要如何學習兵來將擋，水來土囤的應變智慧與處理能力是相當重要的。記得在某次的家庭聚會中，一位在大學任教的阿姨和我們孩子們分享她的人生經驗——有一次她到一所大學演講，隨身碟不知怎麼突然打不開她演講的資料，正當無數雙眸凝視著她時，她靈機一動想起她曾把資料儲存在雲端，於是趕快從雲端信箱把檔案抓下來，阿姨的這個應變經驗讓我印象深刻。

兩年前在一場實習音樂會我也有了這樣的經驗，平時我參加任何的比賽，我都會事前準備幾條備弦和備琴，而在實

在〈應變〉中，作者說：「但我那時自信過分總覺得媽媽杞人憂天，我自以為聰明，充滿自信地對媽媽說：『哪有那麼倒楣的，每次帶了備琴，還不是都沒有用上。』」「自信過分」以及「自以為聰明」都是「倒反」的修辭。

習音樂會的前幾天我都已經把四條弦重新換過一遍，也把音色調整到最佳狀態。當天早上，媽媽耳提面命提醒我還是要帶一把備琴去，但我那時自信過分總覺得媽媽杞人憂天，我自以為聰明，充滿自信地對媽媽說：「哪有那麼倒楣的，每次帶了備琴，還不是都沒有用上。」

然而，就在演出當下，我正陶醉在悅耳的琴聲中，但就在我耳邊傳來了弦脫鬆的聲音——啪啪迴盪在我耳中。這時我故作鎮定想著該如何應變，此時我靈機一動把弦拉高八度，讓原本失去色彩的豆芽菜重新獲得新生命。

下了臺後，主修老師雖然小小責備我，但也大大讚賞我的應變能力。經過這次的演出經驗，我體悟到了，在人生中我們要不斷地活化我們的腦細胞；要不斷地充實我們的知識；我們更要敞開我們的心胸去汲取前人的人生經歷。如此一來，我們才能在人生的考驗中越挫越勇，隨時迎接每個嶄新的自己。

祕笈小補充

倒反法，言詞表面的意義和作者內心真正的意思相反的修辭法。也就是嘴裡說的話，跟心裡想的意思，完全相背。

【對比法】

圓一個夢

基隆．基隆高中三年級音樂班．黃聖珈

有夢想的人，人生是光明的；沒有夢想的人，人生是黑暗的。因為有夢，所以心靈富有，生活希望無限；因為無夢，所以心靈貧瘠，生活失望痛苦。

夜色降臨，我仰望著一顆顆熒光熠熠的星星，布滿整個天空，照亮遠方鱗次櫛比的高樓大廈，又進入了我的書房，看見了一幅幅掛滿牆的獎狀，書房中有著擺放整齊的樂譜一本本地堆積在書桌上，在書桌旁有著小檯燈，那微亮的燈光灑在了泛黃的樂譜上，我便興致勃勃地拿起我最心愛的柳琴。從那起，我便圓了一個夢。

猶記高一那年，我在一場比賽中失敗。當時的我被挫敗弄得遍體鱗傷，那樣的打擊讓我思忖著，是否還要圓我的音

在〈圓一個夢〉中開頭——「有夢想的人，人生是光明的；沒有夢想的人，人生是黑暗的。因為有夢，所以心靈富有，生活希望無限；因為無夢，所以心靈貧瘠，生活失望痛苦。」就是以「有夢想」和「沒有夢想」的結果去做對比，加強讀者的印象。

樂夢？那時蟄伏的眼淚湧上我心頭，抑鬱和煩躁的心情全浮現在臉上。然而，就在我開始懷疑自己時，貝多芬彷彿蜷縮在我心扉，他的〈命運交響曲〉敲醒了我，我便再次拾起樂譜，以不屈不饒不放棄的精神，終於在我高二下時，我圓了我的音樂夢——我開了我第一場音樂會。我自信滿滿地站在臺上，享受著觀眾為我大聲喝彩，我心中充滿悸動，因為能在失敗後得到肯定，這對我來說是一大鼓勵。

倘若當時的我，沒有那樣的信念與堅持，我想我就會怯懦退縮，也就無法圓我的音樂夢，毋庸置疑地，人渴望獲得成就感的滿足，必須先苦其心志，勞其筋骨，並堅持自己的信念，才能實現自己的夢想。反之；若是一昧的自怨自艾、固執己見不懂得自我反省和檢討，就永遠無法圓一場屬於自己的夢。

名人保羅曾說：「人生猶如一本書，愚者匆匆翻閱；智者卻是小心翼翼地仔細閱讀，因為他知道那是一本無法回頭再看第二遍的書。」我想我必須每天秉持著滴水穿石的決心和毅力，善用我人生中的每一天，好好付諸行動，勇敢去圓自己多彩多姿的音樂夢。

祕笈小補充

對比法，就是拿兩種相反的事物放在一起比較，產生對比的效果，以說服讀者，就像謙虛與驕傲、青春與衰老、富貴與貧窮。

【對偶法】

讀書與行路

基隆．基隆高中三年級音樂班．黃聖珈

靜態的讀書，帶給我知識的學習與前進的力量；動態的行路，帶給我見識的參與與視野的寬廣。讀書與行路都可以讓我有不凡的經驗。因此，讀書能在書本中累積智慧；行路能在風景中體驗人生。

自小的閱讀經驗，所有書籍中我最喜歡的是旅遊書，它讓我學習到文學所含括的知識是多方面的——政治、經濟、宗教、文化、自然、地理、歷史、藝術等。像是一本具有綜合知識的百科全書，不過這卻不是一本無趣的工具書，而是一本有趣的書，能帶給人們見多識廣的精神享受的好書。我曾看過周達觀的《真臘風土記》，覺得很特別。後來，爸媽帶我去吳哥窟旅行，其中最令我印象深刻的是「微笑高棉」

在〈讀書與行路〉中作者說：「靜態的讀書，帶給我知識的學習與前進的力量；動態的行路，帶給我見識的參與與視野的寬廣。」成雙成對相似的句子的排列，和協而勻稱，最後又說「讀書能在書本中累積智慧；行路能在風景中體驗人生。」增強了語言感人非凡的藝術魅力。

和「飛天仙女」，這些栩栩如生、維妙維肖的浮雕真是令人嘆為觀止！不禁讓我對數百年前高棉人的藝術天分，佩服得五體投地。所有閱讀的美好經驗都湧上心頭。

然而，就在這一次的旅程中，我獲得了心靈的震撼，讓我開始期待下一次的行路。最近我在書中讀到有關藏族「風馬旗」的典故令我很感興趣——原來虔誠的藏族人希望能夠時刻念經，卻無法一整天都在念經，所以，就利用風馬旗，每當風吹一次，就代表念一次經文。希望有機會能去親身體驗其文化的背景和意義。

對於學習音樂的我來說，去年暑假能夠造訪莫札特的故鄉——薩爾斯堡，也是一種心靈上的饗宴。希望以後也能有機會藉由打工旅行遊遍其他音樂家的故居。我要努力充實地過每一天，努力讀書充實自我，也同時行路萬里，擴展視野與格局，才不枉此生。

祕笈小補充

對偶法，字數結構要相等、要整齊。

【頂真法】

這就是一種過癮

基隆．基隆高中三年級音樂班．黃聖珈

人生中有很多過癮的事，有些人是在努力過後得到理想的成績；有些人是在迷失後找尋自我；有些人是在酷熱的夏日裡，品嘗到自己最喜歡的冰品。在我生命之符轉動了十七年，令我最過癮的事——在我國二參加基隆市柳琴比賽榮獲第一名。

記得為了準備那次的比賽，我每天在琴房裡不分晝夜地練習，但並不覺得每天堅持和豆芽菜跳躍是疲憊，因為我堅持做自己熱愛的事情。也由於有這樣的決心，讓我在付出過後得到了回報。當比賽完畢，看到自己榮獲第一名的剎那，我不禁簌簌流下淚水，一股成就感湧上我心頭。當頒獎的時刻來臨，我站在臺上拿到評委頒予我獎狀時，整個舞臺彷彿

在〈這就是一種過癮〉中：「感謝自己具有不屈不撓的毅力，在失敗過後懂得學會站起；學會站起後不畏披荊斬棘、勇敢向前；勇敢向前時懂得感恩、謙卑。」用「學會站起」和「勇敢向前」，一句頂一句貫通語氣，加強了兩個事物的內在連繫，給讀者留下深刻的感受。

是我的，臺下的觀眾大聲為我喝彩。我心中充滿了感動，因為能在無數次失敗後被評委認同，真是一大過癮。倘若當時的我，沒有那樣的信念和堅持，怯懦退縮，不懂自我反省和檢討，就無法享受苦盡甘來的過癮。

然而，在享受過癮的同時，我也深深感謝曾對我諄諄教誨的師長；感謝自己具有不屈不撓的毅力，在失敗過後懂得學會站起；學會站起後不畏披荊斬棘、勇敢向前；勇敢向前時懂得感恩、謙卑。因此，讓我有機會能夠嘗受「過癮」的感覺。

我要努力善用我生命的每一天，好好付諸行動，勇敢去面對人生中的每個挑戰，並且帶給別人溫暖和關愛，用火炬把每個人的心都點燃，讓自己每天充滿著正能量的心態。這樣一來才能使自己的人生多彩多姿，使自己成為照亮別人的一顆太陽，才能享受每一個「過癮」。

麵包師傅吳寶春，在他的自傳《柔軟成就不凡》中提到為了成功、出人頭地，他的內心有著強烈的堅持與信念，他才能謙卑地當學徒，進而成就他不凡且「過癮」的人生。相信自己是一種信念，信念也必定是一種過癮，它不是繁花如夢似錦，卻如青松雪壓不倒。正是因為有了這樣的信念，我們才能堅持到底，自信永遠。不是嗎？

祕笈小補充

上下句相聯，前後相接，正是頂真法的特點。

如何運用網路
與報章文章

作文的內容是由同學們日積月累的材料來完成的，往往很多同學誤以為只有過去陳舊的傳統典型材料才能切合題意，也因此考生們寫出來的文章毫無新意，這一類的作文頂多只能拿到基本級分。

要想以全新的角度去駕馭你的材料，將一篇作文寫得充實有料、展現新的境界，平時的廣泛閱讀是很重要的。建議同學們可將書報雜誌或網路閱讀到的名人的成功奮鬥經歷善加利用到文章的第二或第三段舉例說明，向閱卷老師展現你課外閱讀的能力。

但格外要注意的是，在敘述這些成功名人的奮鬥經歷時，要精簡敘述，因為所舉的例子都是配角，不能搶了主角的光彩，那會影響整篇文章的結構和布局。

【舉例一】

臺裔設計師吳季剛因為設計美國總統夫人蜜雪兒在二〇〇九年美國總統就職晚會的禮服而享譽國際，一夕成名後，成為臺灣之光的吳季剛又在二〇一〇年，獲得美國時裝設計師協會（CFDA, Council of Fashion Designers of America）評選，贏得最佳新秀女裝設計師（施華洛世奇獎）。於是國內的知名雜誌爭相採訪報導。《天下雜誌》第四一五期，二〇〇九年二月十一日——〈全美瘋吳季剛平價服飾　玩娃娃男孩夢想成真〉；《遠見雜誌》第二九〇期，二〇一〇年八月號——〈吳季剛：入行二十三年的二十八歲新銳〉；《親子天下》，二〇一三年一月二十四日——〈吳季剛母親：栽培他的天賦，也栽培他的視野〉。

以下將三篇採訪整理如下：

一、《天下雜誌．全美瘋吳季剛平價服飾　玩娃娃男孩夢想成真》

二〇〇九年，二十六歲的吳季剛自己是從電視轉播上才得知，他和同事們不眠不休趕工了一百多個小時的精心作品，竟然真的被美國新任第一夫人挑中，他第一時間立刻拿起電話打回臺灣。

「媽媽，我幫妳爭回面子了，再也不用擔心別人會笑我們了。」吳季剛在電話裡激動地說著。

吳季剛的母親事後回想這通電話說，在第一通電話裡，他竟然一直哭，他爸爸安慰他，叫他別那麼激動，先平靜一下情緒，我們過一會兒再打電話跟他聊。吳季剛的母親完全可以理解吳季剛的反應為何會如此激動，因為除了欣慰、驕傲以及夢想成真，還有一種終於證明自己可以做到的內心複雜的種種情緒。

美國新任第一夫人蜜雪兒歐巴馬，在總統就職晚宴上與歐巴馬翩翩起舞，她身著一襲象牙白色雪紡紗露肩晚禮服。在鎂光燈此起彼落的時刻，全球時尚界盯著這套有著銀色手工刺繡並綴滿了水晶的優雅華服都在問設計這件禮服的Jason Wu究竟是誰？

*

在國際服裝設計舞臺大放異彩的吳季剛，所以能成功有兩個重要的因素：一個是真誠面對自己的堅持；另一個是母親一路相伴的無怨無私的支持。

從小吳季剛就是個特殊的小男孩，愛玩芭比娃娃、愛看婚紗，也喜歡小孩不可能會愛的「京劇」。

吳季剛喜歡玩娃娃，母親和阿姨就到處去幫他買娃娃，結帳時還要想辦法避免店員用奇怪的口氣詢問說：「怎麼是小男生要買的呀？」

吳季剛從五歲開始，就對新娘禮服百看不厭，母親每個星期都會順著他的要求，帶他到臺北市各個婚紗禮服店的櫥窗前，讓他仔細觀看禮服，並且一筆一筆畫下禮服。

京劇名伶郭小莊在國父紀念館公演時，還在念幼稚園的吳季剛就因為喜愛她的扮相，央求家人帶他去看戲，他安靜地看戲坐到散場也沒吵鬧，散場後還直說郭小莊好漂亮，真想向她握手致意。

＊

吳季剛的父親是一位白手起家的中小企業家，從事動物用維他命礦物質代理；母親則把所有的心思都放在教育兩個兒子身上。

在吳季剛國小四年級時，父母就決定為了讓這個特別的孩子有更適合發展的環境，由母親陪伴他和長他三歲的哥哥，前往加拿大溫哥華，父親則留在臺灣賺錢打拚，一家人只能無奈分隔兩地。

在溫哥華的那段日子，吳季剛的母親特別把家中的地下室空出來，幫他布置成一個工作室，讓他可以盡情發揮，在這個工作室他可以隨心所欲畫娃娃，擺放他的所有作品。而這個工作室的由來是因為：曾有親朋好友到家中作客，不免驚訝地發出疑問：為什麼一個小男孩會對娃娃這麼感興趣？為了減少異樣眼光的干擾，於是用心良苦的母親為吳季剛整理了這個專屬於他的工作室。

*

經由介紹，吳季剛的母親帶著吳季剛和他的畫作、娃娃作品，前往溫哥華Granville Island Design School找一位大學服裝設計系的系主任，想要聘請系主任為家教。原本系主任不願教一個只有六年級的小學生，但看了吳季剛的作品後，覺得他實在太有天分了，於是決定破例授課。

之後，服裝系主任又介紹了自己的年輕學生——設計師Tyra Zeildler給吳季剛。十五歲未滿的吳季剛已經從Zeildler身上，學會了畫設計圖、認識布料以及與服裝設計相關的剪裁和縫紉等各種方法和技巧。

吳季剛必須要耐著性子用做大人衣服的縫紉機，去練習縫製特小號的娃娃衣，因為娃娃的衣服小件而細緻，每當他失去耐性時，媽媽就會提醒他：「老師說，如果你只會畫圖、不懂縫紉，你就不可能成為一個真正讓人服氣的服裝設計師！」

吳季剛的母親曾坦承：「我其實是一路想改變他的，但卻也一路看著他愈來愈愛設計、愈來愈堅持……」她說她雖然會尊重孩子、盡力滿足孩子的需求，但卻也不免對孩子有著傳統的期望。

然而，母親還是一路相伴，不管是在溫哥華的茫茫雪夜裡，她總是提起膽子，帶著吳季剛在不熟悉的公路上開車去學服裝設計。難怪他會說幫助他成就夢想的最重要動力就是父母對他的選擇無怨無悔的支持。

＊

吳季剛的母親知道有藝術天分的孩子，多半念書不是強項，因此她和吳季剛約法三章：一定要念到大學畢業、除了英文之外，還要學會一種歐洲語言，並且，行為要端正。

在吳季剛被送往美國麻州的寄宿學校念中學時，他遵守著和媽媽的約定，認真學習法文，高三時就取得前往巴黎做一年交換學生的難得機會。

其實，早在吳季剛前往巴黎念高三前，他就已經在娃娃設計界闖出名號——他擊敗各國高手在參加首屆在歐洲舉辦的芭比娃娃國際設計比賽，拿下晚禮服和新娘禮服項目的雙料冠軍；而他所設計的娃娃又在隨後舉行的巴黎娃娃大展中拿到亞軍；十八歲不到，已是美國Integrity Toys旗下的精品洋娃娃品牌Fashion Royalty的「創意總監」，而他所設計的洋娃娃被擺在紐約第五大道上最著名的貴族玩具店F.A.O. Schwarz銷售。

二〇〇六年，吳季剛的某一款設計的限量娃娃在F.A.O. Schwarz開賣，吳季剛的母親特別前往紐約參加開賣晚會，但眼前的一幕著實讓她難以置信，在雪夜裡排隊的長長人龍，竟然都是為了希望能夠搶下一只吳季剛所設計的娃娃。

當F.A.O. Schwarz的老闆握著吳季剛母親的手感謝她生了這麼一個有才華的好兒子，母親說：「我那時感動莫名，心想弟弟終於玩娃娃玩出頭了！」而她腦海裡浮現的是小時候吳季剛流連在玩具店裡捨不得離去的模樣，她想起吳季剛小時豪情萬丈地說，他將來長大，一定也要設計一個娃娃放進F.A.O. Schwarz的店裡。

吳季剛真的做到了。

吳季剛是很有計畫地朝著他的目標一步步往前。從設計娃娃到設計服裝，高中畢業後，他申請進入美國最佳服裝設計學院Parsons School of Design就讀，這所學校的校友有不少全球時裝界知名設計師，包括Calvin Klein、Donna Karan、Marc Jacobs等都是。不過，吳季剛並沒有真正從Parsons畢業，因為大四那一年，他捉住機會留在設計大師Rodriguez的身邊實習，並且忙著創立自己的設計品牌。終於在二〇〇六年二月，吳季剛就在紐約時裝周舉辦了自己的首場服裝秀。

*

建築業和服裝業是在紐約初入行時最辛苦、薪水最低的。因為紐約時裝界是僅次於巴黎、米蘭，全球競爭最激烈的戰場。每個年輕的設計師都想要在紐約成名，但其實相當不容易。

高級百貨公司的華裔設計師張文軒分析：「亞裔要出頭並不容易，再加上像吳季剛這樣具有不同文化背景的人，在紐約真是到處都是，因此吳季剛除了才氣，也很有運氣。」張文軒和吳季剛一樣同為小留學生、Parsons的畢業生、自創品牌的童裝Poesia成功打進美國精品店，他說吳季剛去年入圍CFDA新人獎，等於已經被認可其設計實力，接著總統夫人蜜雪兒在去年十一月又穿上吳季剛所設計的黑白相間洋裝，接受美國ABC電視臺主播芭芭拉・華特斯專訪，再一次獲得美國第一夫人的青睞，其潛力更是未來可期，況且年輕也是他的資本。

《紐約時報》形容吳季剛的設計風格帶有復古味道、偏女性化，他擅長利用花的圖騰以及明顯腰身和蓬裙去突顯女性的優雅。吳季剛曾特別針對解釋為蜜雪兒歐巴馬所設計的晚禮服，除了閃亮、端莊，他希望能展現蜜雪兒內在的堅強個性。

這件吳季剛所設計的禮服也將依照慣例被送到史密森尼博物館珍藏，成為歷史的一部分。相當誠懇禮貌、害羞靦腆又不擅言詞的吳季剛，在接受過包括CNN等美國各大媒體採訪、講述自己為蜜雪兒歐巴馬設計禮服的經過與概念後，卻在面對臺灣媒體時，格外感觸有一段真誠分享：「我真心希望所有的父母，當你發現你的孩子有特殊的才藝與興趣時，能夠多鼓勵他們、尊重他們，並盡可能的給他們空間和學習機會！」

吳季剛——新出爐的、年輕的「臺灣之光」——勇敢而真誠面對自己、永不放棄追尋的勇氣，是除了他的設計和才華外，最令人印象深刻的。

二、《遠見雜誌．吳季剛：入行二十三年的二十八歲新銳》

二〇〇六年，年僅二十四歲的吳季剛首度踏上紐約時裝週；二〇〇九年，美國總統夫人蜜雪兒穿上了吳季剛設計的禮服，他順著密雪兒旋風，跨足到米蘭時裝週；二〇一〇年，吳季剛更靠著持續創新的風格，贏得CFDA最佳新秀女裝設計師。

學學文創的董事長徐莉玲就曾指出：年紀輕輕的吳季剛能走得如此之快，除了機運之外，更是因為他始終沒有停下步伐。的確常被稱為「新銳」的吳季剛，雖然只有二十八歲，但卻已經默默做了二十三年的努力。

一個成功的男人背後總有個重要的女人，在吳季剛目前的生命歷程中，除了在白宮的蜜雪兒讓他成名外，更重要的女人就是他在臺灣的母親——陳美雲。

人小志氣大的吳季剛，在五歲就確定了人生方向。「我以後一定要當一個服裝設計師！」當五歲的吳季剛童言童語地說出人生志願，並吵著要母親帶他去婚紗街看婚紗，母親就慎重其事地支持尊重，也進一步鼓勵吳季剛要開始接觸法文與英文，因為他知道全球時尚重鎮就在歐洲。

小學時，當吳季剛帶著自己最愛的芭比娃娃到學校跟同學、老師分享，卻得到異樣眼光而流淚，這事讓母親決定，她必須提供給兒子更適合他的教育環境，於是出走臺灣，落腳加拿大溫哥華。

到了溫哥華，母親為了讓吳季剛對設計持續學習、精進，便帶著他前往溫哥華格蘭威爾島設計學校（Granville Island Design School）要拜服裝系系主任為師，主任本來不願意收一個小學生為徒，但看了吳季剛的作品後，驚訝萬分，便破例點頭答應。別看當時的吳季剛還是個小鬼頭，他可是已經懂得利用網路，搜尋各種可用的資源，並且要求媽媽帶他到處去求師。

母親回憶起那段時光，她總是在人生地不熟的地方硬著頭皮上路，來回往返往往都要花上好幾個鐘頭。有一個起大霧的晚上，要開車上交流道的她，卻意外逆向，差點就要和下交流道的車子對撞。「但有了他的笑容，我覺得再辛苦幾倍也值得！」母親微笑地說。

＊

未滿十八歲的中學階段的吳季剛就已經懂得毛遂自薦。

因為從小喜愛芭比娃娃，曾經一心夢想要到芭比娃娃的生產公司美泰兒（MATTEL）當一名設計師：到了初中時期，便積極透過各種管道和關係，終於約到正在香港的總經理，總經理答應可以留半個小時給他。

吳季剛孤身千里迢迢，從溫哥華轉機到香港，身邊只有一支手機陪伴他。雖然最終鎩羽而歸，但卻為他拓展了視野與格局。

高中時期的吳季剛，在巴黎娃娃大展中，奪得亞軍，這個獎項立刻讓吳季剛被美國Integrity Toys延攬為「創意總監」。他為了替公司製造更精美的娃娃，甚至隻身飛到大陸深圳，尋找新的高級娃娃工廠。

然而到了大陸，當時的吳季剛因為年紀太輕，為了避免當地人看輕他，他便與人都以英文溝通，以建立「美國」設計師的形象。

「媽，我是大人、我在工作！晚上再打給妳。」母親打電話關心他時，吳季剛總是這樣成熟回應。

吳季剛在他未滿十八歲時就懂得做時尚生意，充分展現了過人的商業頭腦與毅力。Integrity Toys與新的工廠，本來都不太看好吳季剛的提案，但最後卻都被吳季剛說服，雙方簽訂契約合作，並且雙贏獲利。

*

在吳季剛展開了幾趟「商務旅行」，擴大了自己的眼界後，他申請上了頂尖的紐約帕森服裝設計學院（Parsons School of Design）。

然而，人外有人，天外有天，即便吳季剛已經一身本領，但初到紐約，躋身大都會，也不免被人才濟濟的曼哈頓嚇到。於是他說他「除了娃娃設計、服裝設計外，我還開始學做菜，一來可以穩定情緒，二來即便是被時尚圈淘汰時，也還可轉行……」即便是小有成就，吳季剛也曾這樣懷著憂患意識地自嘲。但他並沒有放棄，他認真正面思考自己的不足之處。他發現，對他而言，最缺的就是沒有人脈。

於是，吳季剛從大學一年級開始，就特意應徵到一家經常有時尚設計師出入的餐廳打工，而且是從衣帽間的小弟做起，到後來可以去端盤子當服務生，才有機會進一步認識那些知名的設計師，擴展自己的人脈。

母親為他的堅持與努力感動不已：「那時季剛在Integrity Toys還有任職，並不缺錢，但他卻願意為了接近自己的夢想，從小弟做起，真的很感動！」

當吳季剛在大學四年級舉辦個人走秀展時，現場設計師、媒體雲集，就足以證明他過去的策略是如此地成功。

吳季剛的母親苦盡甘來地說：「等著看Jason繼續在國際闖出更多成績，是我的生活樂事！」

還在持續發光努力的吳季剛，並未滿足於現狀，未來應該還會有他繼續為臺灣爭光的好消息傳來。

三、《親子天下．吳季剛母親：栽培他的天賦，也栽培他的視野》

「謝謝妳，媽媽，讓我可以做我自己。」吳季剛的母親說吳季剛後來曾這樣對她說，這一句話讓她很感動。

吳季剛的母親一路陪著吳季剛跌跌撞撞走過來她想通了一件事：「孩子所學的東西，如果不是他喜歡的，他永遠不會快樂，就沒有成就感，那我是不是要揹他一輩子？與其這樣，不如讓他學他自己想做的，他舒服，我也舒服。」

吳季剛的母親回憶起二十多年前吳季剛的成長之路，當時整個大環境是相當保守限制的，但他從小就異於其他的小孩，不太願意走「傳統」的路。這對她是很大的挑戰。

她帶大了吳季剛的哥哥，就想著按照相同的模式和方法帶領吳季剛走一樣的路，之後，才發現每個孩子都有自己的特質，事實上，有很大的差異。就像哥哥就讀中規中矩的幼稚園——要穿得乾淨整齊，一進去就要學寫字、讀書。她也想讓吳季剛一樣讀這所幼稚園，但參觀後，他就跟她說：「媽媽，我不喜歡這個學校。」

之後，她帶他去參觀內湖一所森林幼稚園，他非常喜歡，因為整個環境就像是一座森林，裡面有很多好玩的東西。在那裡就學的孩子也都很快樂，每天剪貼、畫畫、寫字。

吳季剛小學時，母親鼓勵他可不可以把成績考好一點？他竟回答說：「我不覺得一定要像哥哥一樣每天都考一百分，如果他考了九十九分，他就會有失敗的感覺。那我考八十幾分，我每天都有二十分進步的空間。」

母親發現再逼吳季剛也是一樣，但還是得要給他一個不能太離譜的基本標準，以國外的普通標準來說，就是至少要有個B。

吳季剛從小就愛玩娃娃；喜歡看平劇，因為那些衣服很美，那些線條、佩飾他很喜歡；他很喜歡藝術，所以愛參觀時尚展。那時候臺灣的國中有放牛班，吳季剛的母親很擔心這個兒子若留在臺灣考試的環境絕對會毀了他的專長，於是跟她先生商量：「Jason也沒這麼笨，他各種發展都不錯，如果到了中學，因為功課不好被編到放牛班，會影響他心理的成長。還是找機會出國，讓他們有機會去學習新的東西，在語言方面多一些能力，不一定只有念書的路。」所以，在吳季剛的哥哥初一念完，她就帶他們出國了。

吳季剛的母親說她在他身上看到一個很大的特質就是：他很堅持。

吳季剛一路堅持走自己的路，從幼稚園開始，捏捏弄弄的能力就很好；在日本，平均五十五歲才能拿到日本紙黏土的教授資格，但吳季剛在他十四歲那年就拿到了；在學紙黏土的同時，他還跟著教他聖經故事的老師學裁縫。可是學不到一年，老師就說吳季剛已經學會了他所有的本事了，老師稱讚他有天分，應該請更高明的老師來教他。於是母親就帶著他到加拿大最好的設計學校Granville Island Design School找老師。吳季剛一路上都很幸運，常遇到貴人相助。

別的小孩中學在讀書玩樂，但吳季剛卻幾乎都在工作了。他自己做娃娃上網賣，但是，第一筆生意就被騙了，作品寄去卻沒收到錢。但上了一次當、學了一次乖，之後他再次上網賣娃娃，就學會請對方先把尾款寄來，他用尾款去買布。

吳季剛在美國念高中時期，曾有個機會可以去法國當交換學生，但他當時在美國已經有工作，所以並不是那麼想去。但是母親告訴他：「你這工作的目標太小了，你要看遠一點，你去歐洲看看不同的東西會更有感覺。」

吳季剛的母親覺得孩子的天分是要培養的，可是在培養天分的同時，基礎教育也不能放棄，一定要同時掌握。吳季剛很小就跟母親表示：我不需要念太多東西，可是母親卻有她的堅持：「我不認同，大學畢業是最基本的。我不要求你考第一名或一百分，但基本的學歷、知識、能力一定要有，這樣才不會變成一個只是會縫、會做，卻沒有學問的工人。」

二〇〇九年，美國總統夫人蜜雪兒穿上了吳季剛設計的禮服，就像是奇蹟發生一樣，但其實吳季剛在背後真的堅持了很久、也努力了很久。

吳季剛有著非比常人的膽識，他到紐約學設計，想要做一場職業秀，可是他在紐約毫無人脈。於是跑到一家時尚設計師經常出入的餐廳打工。週末夜就坐在門口幫人家掛衣服。老闆覺得他表現不錯，第二年就讓他進酒吧去收盤子、幫客人點菜，後來他就有機會跟設計師認識，也愈來愈熟稔，於是建立了一些人脈。

「媽媽，我們學校有一個魔咒，出名的都不會畢業。我一定要比同年齡的人更早讓人看到，所以我要在畢業當季作秀。請妳原諒我沒有畢業，但有一天，我會讓學校還我一張畢業證書。」母親曾經為了他大學四年級畢業在即，卻忙著籌備服裝秀，沒有繳交畢業作品，所以無法畢業而不愉快。但是，當母親見到他第一次在紐約辦服裝秀的時候，把他們著實嚇了一大跳，因為他是在紐約的職業秀場作秀，這是人生多麼難得的機會與經驗。

之後，就在美國總統夫人蜜雪兒穿上了吳季剛設計的衣服，一舉成名後，學校都對外宣稱吳季剛是他們學校畢業的，但其實他根本沒有拿到畢業證書。

閱讀完這三篇文章，想必是很有收穫的，因為這三篇採訪讓同學們有多層面的「發現」：

1. 發現家人支持很重要，尤其是懂得成就孩子夢想的母親。
2. 發現要「堅持」「做自己」必須要有披荊斬棘的決心才會成功。
3. 發現條條大路通羅馬，個人頂上一片天，只要找到了自己的路，勇往直前就能走向康莊大道。
4. 發現機會是要靠自己創造的。
5. 發現做任何事情只要找出擅長的，熱情投入，就能有勇氣迎向成功。

廣泛的閱讀對同學們是可以很有啟發，也很受用的，一樣可以放到各類型的作文題目裡舉例套用。基於以上五點「發現」，我們來設想遇到以下五種類型的作文題目該如何運用？

1.「母愛的光輝」、「母親真偉大」相關的作文題目，就可利用如下：

二〇〇九年，當美國第一夫人蜜雪兒穿著臺裔設計師吳季剛所設計的晚禮服出席總統就職晚宴，二十六歲的吳季剛在一夕舉世聞名。成名後的吳季剛特別感謝家人的栽培與支持，尤其是他一路相挺的母親。母親並沒有因為他從小愛玩娃娃、看婚紗、喜歡京劇而壓抑他的喜愛；反而從五歲開始，每星期都會依著他的要求，帶他到婚紗店的櫥窗前，讓他細細的看，並且畫下禮服的樣子。母親尊重他、接受他、支持他做喜歡的事。知道臺灣的教育環境容不下他，並帶他出國。英文不好，便給他時尚雜誌，要他讀，藉此學英文；開車帶著他找各領域的專業的老師學習。每每常常來回都要花上數個鐘頭，有一次路不熟在起大霧的晚上，要開車上交流道的她，卻意外逆向，差點與來車對撞。但媽媽覺得有吳季剛的笑容，再辛苦也值得。所以，在吳季剛揚名國際後，他對母親說：「謝謝妳，媽媽，讓我可以做我自己。」如果不是有他的母親的鼓勵、引導與培養絕不可能有今日這位「臺灣之光」。

2.「挫折」、「從挫折中培養勇氣」、「堅持」、「做自己」、「豐收之前」相關的作文題目，就可利用如下：

二〇〇九年，當美國第一夫人蜜雪兒穿著臺裔設計師吳季剛所設計的晚禮服出席總統就職晚宴，二十六歲的吳季剛在一夕間舉世聞名。小學時他帶芭比娃娃到學校跟同學分享，卻遭到異樣的眼光，但他卻在挫折中培養勇氣，並且在家人的鼓勵下堅持做自己。中學時，已經做娃娃上網賣，第一筆生意，東西寄去卻沒收到錢。他再次上網賣娃娃，就學會請人先把錢寄來。當時他也已經懂得毛遂自薦，曾一心想到生產芭比娃娃的公司當設計師，他積極透過各種關係，終於約到在香港的總經理，有半個小時可以見他。他獨自從溫哥華轉機到香港，雖然最終鎩羽而歸，但卻拓展了他的視野。這些在通往成功之路的挫折，都是在豐收之前必要的磨練。

3.「條條大路通羅馬」、「路是人走出來的」相關的作文題目就可利用如下：

二〇〇九年，當美國第一夫人蜜雪兒穿著臺裔設計師吳季剛所設計的晚禮服出席總統就職晚宴，二十六歲的吳季剛在一夕間舉世聞名。小學時他帶芭比娃娃到學校跟同學分享，卻遭到異樣的眼光，心裡雖難過，卻在學校成績不佳的狀況下，找到「設計」的強項，立志以後要成為服裝設計師。從設計娃娃到設計服裝，他很有計畫地一步步朝自己的目標堅定前進。十八歲不到，已擔任創意總監，設計的洋娃娃被擺在紐約第五大道上最著名的貴族玩具店販售。大一時，到紐約學設計，為了累積人脈，屈就去當衣帽間的小弟，藉以認識設計師。後來，為了在職業秀場辦服裝秀，而無法完成畢業作品；最後成名後，學校立即聲稱吳季剛是他們的畢業生。在吳季剛身上我們見到了條條大路通羅馬，每個人只要找到自己擅長的領域盡情發揮，就可找到自己揮灑演出的舞臺。

4.「機會靠自己創造」、「機會只留給準備好的人」相關的作文題目就可利用如下：

二〇〇九年，當美國第一夫人蜜雪兒穿著臺裔設計師吳季剛所設計的晚禮服出席總統就職晚宴，二十六歲的吳季剛在一夕間舉世聞名。吳季剛的成功在於他懂得自己去創造機會——小學剛到國外就已經懂得利用網路，找尋各式各樣的資源，並且要求媽媽帶他去拜師；中學時，就已經懂得毛遂自薦；大一時，到紐約學設計，當時已經工作賺錢，卻為了要做一場職業秀，礙於在紐約沒有人脈，就特意到一家經常有時尚設計師出入的餐廳打工，並且從衣帽間的小弟做起，隔年，老闆就讓他去收盤子、幫客人點菜，也因此有機會認識一些設計師，建立了人脈。這些人脈也都累積了他未來的成功因素。可見成功的人懂得創造機會，而機會也永遠是留給準備好的人。

5.「熱情」、「成功以熱情為起點」相關的作文題目就可利用如下：

二〇〇九年，當美國第一夫人蜜雪兒穿著臺裔設計師吳季剛所設計的晚禮服出席總統就職晚宴，二十六歲的吳季剛在一夕間舉世聞名。他的成功除了雙親的支持與栽培外，最主要的因素在於他對他所愛的「熱情」，因著這份熱情，可以堅持往前。小學剛到國外就已經懂得利用網路，找尋各式各樣的資源，並且要求媽媽帶他去拜師；中學時，就已經懂得毛遂自薦，喜愛芭比娃娃的他，曾一心想到生產芭比娃娃的公司當設計師，他積極透過各種關係，終於約到在香港的總經理，有半個小時可以見他。他獨自從溫哥華轉機到香港，雖然最終鎩羽而歸，但卻拓展了他的視野。

他不減「熱情」，把吃苦當吃補，之後，在巴黎娃娃大賽奪得亞軍，便被延攬為創意總監。為創造出更好的娃娃，隻身飛到深圳找新工廠。那時他年紀太小，怕當地人看不起他，都故意以英文溝通，好建立「美國」設計師的形象；大一時，為了累積人脈，特意到一家經常有時尚設計師出入的餐廳打工，從衣帽間的小弟做起，隔年，老闆就讓他進去收盤子、幫客人點菜，後來也因此有機會認識一些設計師。成功要以「熱情」為起點，若沒有「熱情」，遇到挫折就會退卻；若沒有熱情，遇到難關就會抱怨。

【舉例二】

馬雲，重考三次才考上大學，一九八八年畢業於杭州師範學院外語系，之後擔任英文老師；一九九五年在美國首次接觸到網路，回國後同年與友人共同創辦「中國黃頁」；一九九七年任職於中國外經貿部，負責國際電子商務網站；一九九九年創立阿里巴巴網站；二〇〇三年辭去阿里巴巴集團執行長職務，現為集團董事局主席。當馬雲成為中國第一大互聯網站創辦人、第一位登上《富比士雜誌》封面的中國企業家，陸續受到媒體的關注，以下是兩篇《Cheers雜誌》以及《BBC中文網》的專訪內容。

一、《Cheers‧阿里巴巴馬雲：平凡人做非凡事》

說話幽默機智的馬雲，十一月五日在香港上市前夕，受邀來臺演講。一上臺就自我消遣許多人認得他，正是因為他「長得醜」，其實馬雲流利的口才，才是他極具個人魅力的關鍵之一。

中國第一大互聯網站創辦人、第一位登上《富比士雜誌》封面的中國企業家、充滿傳奇色彩的網路狂人、化名「風清揚」的金庸迷，這些封號說的都是同一人：阿里巴巴集團董事長馬雲。

然而這些封號卻遠不及馬雲自言：「我是一個英文老師」，一句話來得令人印象深刻。身為旗下擁有八千名員工的上市公司老闆，馬雲個人的成敗，攸關著中國五十幾萬家中小企業、上百萬人的命運前途。然而當年在杭州西湖教英文，一個月工資只領八十九塊人民幣的生活，卻是他心中「最有盼頭」的一段日子。

硬是把興趣變事業

許多人好奇，他從未放洋留學，為何能說得一口流利的好英語？更有人好奇，完全不懂得技術，一開始甚至連電腦、網路也一竅不通的馬雲，為什麼創辦出中國第一家互聯網站？

說穿了就不稀奇，但卻未必人人做得到，「就是從自己的興趣出發。」馬雲比喻，「有太多中國青年每天晚上想著千千萬萬條路，隔天早上起來還是走原路。」

從十三歲就開始對英文有興趣，但馬雲卻是考了三次大學，才考上杭州師範大學英語系。當年為了練好英文，每天下課後他就自己跑到杭州西湖畔的五星級賓館對著老外說：「我想學英文，我帶你遊市區觀光，我教你中文，你教我英文。」苦練八年才有今天。

馬雲創辦中國第一家互聯網的經過更是神奇。一九九四年他到西雅圖拜訪朋友，第一次見識到網路搜尋引擎的威力，剛開始還不敢碰「看起來很貴的電腦」。

朋友對他說，「Jack，你看這就是網路，可以在上面找到任何你想要的資料。」

馬雲試著輸入關鍵字「beer」，果然出現一長串搜尋結果。當他再輸入「china, beer」時，卻顯示出「no data」（查無資料），只因為當時中國還對網路多所限制，於是便興起他要為中國的中小企業架設網路平台，把資料翻譯成英文的念頭，因為他相信「互聯網將會改變中國的方方面面。」

不要菁英，要平凡人做非凡事

到現在電腦程度還是只停留在收發e-mail跟上網瀏覽，不少人質疑不懂技術的馬雲如何領導內行？

正因為自己技術外行，所以馬雲就成了公司的「quality controller」（品質管理師）。他常對員工說：「如果我不會用，中國其他八成以上的中小企業也不會用，技術層次再高，賣不出去也沒用。」

六、七年前阿里巴巴規模還沒有如此大時，招募員工其實並不容易，馬雲形容：「路上走的只要不是太太級的人，我都用。」和現在年輕人擠破頭想加入，實在不可同日而語。

對於新進員工，馬雲總會不厭其煩的花費兩小時「降低員工期望值」說：「我絕對不承諾你會升官發財，但我承諾你會很倒楣、很辛苦、工作永遠做不完，還有人天天罵你。」

見過太多聰明但無法堅持到最後的年輕人，他認為，和太聰明的員工共事是很痛苦的，他要的不是菁英，「而是一群平凡人，做非凡的事。」

如同馬雲的妙喻：「今天很殘酷，明天更殘酷，後天很美好，但大部分人死在明天晚上。」從創業最初五年一直留到現在的員工，他們從不認為自己很能幹，但留下的人現在都成了百萬富翁。

當年一起爬上長城發誓，要共同創辦出一個讓全世界中國人都感到驕傲的公司的「十八羅漢」，也都堅持到現在沒有一人選擇離開。

心胸寬大，笑傲江湖

「大象搞不死螞蟻，只要螞蟻躲得好」，阿里巴巴對抗全球最大拍賣公司eBay的故事，也是為人所津津樂道的，阿里巴巴目前在中國大陸拍賣市場占率達八成，證明螞蟻可以戰勝大象。

認為一名好的領導人必須具備「眼光、胸懷、實力」，馬雲將一開始只有資本額五十萬人民幣的小企業，變成市值超過七百二十億人民幣的超大企業，不喜歡受控股限制的他，把股份都分給員工，他個人在阿里巴巴的持股卻僅占百分之五，這就是成功領導人難能可貴的胸懷。

身為金庸迷的馬雲，期許自己能達到金庸小說中笑傲江湖的境界，「能笑是因為有胸懷，能傲是因為有實力。」

對於自己的成就，馬雲有的盡是謙虛，他認為那是因為他犯過的錯誤、失敗比別人都多，未來有機會他想出一本「《阿里巴巴的一千零一個錯誤》。」

演講接近尾聲，馬雲以一句「我是一個英文老師，謝謝大家」做結尾，自視平凡卻叱吒風雲的馬雲，早已在臺灣人的心中留下深刻的記憶。

二、《Cheers．馬雲：放棄，就是最大的失敗》

辭去阿里巴巴執行長職務即將居滿一週年，「馬雲」這個名字，仍舊沒被遺忘；這號人物，依然是個傳奇。

十四年的時間，他帶領阿里巴巴從創業資本額只有五十萬人民幣（約新臺幣兩百四十三萬元）的小企業，成為擁有近三萬名員工、市值估計超過一千五百億美元（約新臺幣四點六兆元）的大企業，即將在美國發行IPO（首次公開上市），旗下的淘寶網用戶數更多達七億人。

馬雲自己，也從一名平凡的英文老師，搖身變成身價超過四百億人民幣（約新臺幣一千九百四十億元）的大企業家。然而，財富與權勢，並非馬雲唯一關心的事。

他曾說：「人一輩子要明白：錢和權兩個東西絕對不要碰在一起，錢和權就是炸藥和雷管，碰在一起必然要爆炸。」

因此，馬雲在四十八歲壯年之際急流勇退，毫不戀棧集團執行長一職，退出日常管理，改任集團董事局主席一職的選擇，並不令人意外。

去年，他在淘寶網十週年晚會發表卸任演說時感慨道：「我榮幸我是一個商人，但是很遺憾，這個世界商人沒有得到應有的尊重。這已經不是唯利是圖的時代，我想我們跟任何一個職業，任何一個藝術家、教育家、政治家一樣，在盡自己最大的努力，去完善這個社會。」

這就是馬雲與眾不同之處，除了快人快語，總是有個人獨到的見解。他言談間所展現的俠義性格，除了本身是金庸武俠小說迷，也與他年幼時的家庭背景有極大關係。

寄情武俠小說，生活、創業皆以小搏大

《天下沒有難做的生意》一書中提到，由於馬雲祖父在國民黨抗戰時期擔任地方官員，馬家在文革時期被打成「黑五類」，讓他自幼便經常被街坊鄰居奚落、遭人鄙視。

不快樂的童年環境中，武俠小說是唯一能讓馬雲暫時逃離現實夢魘的寄託。他在小說中讀到行俠仗義、為朋友兩肋插刀的故事情節，也產生移情作用，影響了真實生活。

年少時的馬雲，經常為了替朋友伸張正義而與人打架。儘管他身材瘦小，卻很懂得化缺點為優勢，看到身形比他高大的對手也毫不退卻。「因為我人小，人家不會防，所以進攻速度要快。」

這樣的性格，對應到他日後創業時總是以「小蝦米對大鯨魚」之姿，單挑比他強大好幾倍的對手，也就不足為奇了。

熱中倒立的逆向思考，應用至決策和管理

除了擅長「以小搏大」，喜歡「反其道而行」的逆向思維，更使得他的管理之道顯得特立獨行。這種獨特的眼光，竟是他從「倒立」中領悟出來的。

馬雲說：「當你倒立時，世界會變得不一樣。」

二十多年前轟動中國的日本電視劇《排球女將》，劇中女主角小鹿純子每當遇到困難時就練習倒立，年少的馬雲將她視為偶像，因此也勤練倒立，甚至練出單手倒立的絕技。

馬雲發展出自己一套「倒立觀」，以致於他在與競爭對手過招時，經常打破常規、從不按牌理出牌。好比他信奉一個原則：「永遠不做大多數」。

他認為，如果百分之九十的人都說一個方案好，他一定把它扔到垃圾桶。因為這麼多人說好的方案，必然有很多人在做，「機會肯定不屬於我們。」

他曾經看到一幅畫，上面畫了許多魚，所有的魚都往同一方向游，只有一條魚往反方向游，這幅畫的名字叫做〈換個方向，你就是第一〉，這讓他領悟到，換一個方向，也許他就是最先抵達終點的人。

不只自己熱中倒立，馬雲也把這份精神融入他的管理之道。《馬雲談商錄》書中提到，每位進入淘寶網工作的員工，都必須在三個月內學會靠牆倒立，男女各須保持倒立姿勢三十秒和十秒才算過關，甚至在公司內還設有「倒立室」供員工練習。他會出其不意地臨時抽查，要所有高階主管輪流在他面前倒立，沒能完成的「限期改正，過段時間複查」。

對他而言，倒立的意義，不僅是為了鍛鍊身體，更是為了培養員工養成「換位思考」、「逆向思考」的習慣，遭遇任何問題都能用另一種眼光來看待。

送給年輕人的三問五步驟

探究馬雲之所以能夠在短短十數年間快速崛起的原因，他自己認為，不畏變動的大時代以及相信年輕人，是兩項很重要的因素。

他的卸任演說提到，「是什麼讓馬雲有今天？我是沒有理由成功的……我在想是一種信任……每天兩千四百萬筆淘寶的交易，意味著在中國有兩千四百萬個信任在流轉著。」

他深信，變化的時代，是年輕人的時代：「假如不是一個變化的時代，在座所有的年輕人輪不到你們……很多人討厭變化，但正是因為我們把握住了所有變化，我們才看到未來。」

經營電子商務網站，最需要年輕人的熱血，以及隨時適應變動的能力，馬雲無疑是這方面的激勵高手。「這世界誰也沒把握你能紅五年，誰也沒可能說你會不敗、不老、不糊塗。解決的唯一辦法，相信年輕人！」馬雲如是說。

他奉勸年輕人思考三個問題：

問題一：什麼是失敗？放棄就是最大的失敗。

問題二：什麼叫堅強？經歷許多磨難、委屈、不爽，你才知道什麼叫堅強。

問題三：你的職責是什麼？比別人多勤奮一點、多努力一點、多一點理想，這就是你的職責。

一次在飛機上寫給年輕員工的一封「長簡訊」裡，他提供新進未滿三年的「非阿里人」五個思考步驟，也適合其他社會新鮮人用來檢視自己。

正如馬雲的自我回顧：「十四年的從商，讓我懂得了人生，懂得了什麼是艱苦，什麼是堅持，什麼是責任，什麼是別人成功了，才是自己的成功。我們最期待的是員工的微笑。」

行走在江湖商道上，馬雲從阿里巴巴的實質領袖變為精神領袖，一如他最愛的武俠人物風清揚，武藝高強卻隱居華山，但他所傳授的劍法絕技，仍會深深影響著所有人。

步驟一：看

多看少發言，觀察一切你感興趣的人和事，從看和觀察中，學習了解公司，畢竟你是因為欣賞和好奇而來這家公司的。

步驟二：信

問自己相不相信這家公司的未來、使命、價值觀。假如不信，選擇離開才是最負責的態度，不要留在公司占位領錢，毫無建樹還天天抱怨公司。

步驟三：思考

假如相信，留下了就仔細想想自己可以為實現這家公司的理想做些什麼。思考自己在團隊工作中，有你和沒你有什麼區別？該如何先做好一個優秀的員工？一個當不好士兵的人，很難成為優秀的將軍。

步驟四：行動

這是最難的。行動是真正說明思想的，懂道理的人很多，但能堅持按道理辦事的人太少。阿里的工作是單調乏味的，因為要把新鮮快樂刺激留給客戶。

步驟五：分享

經過前面四個步驟後，你的觀點才真正珍貴，必須和你身邊的同事分享。公司不是請你來批判的，很多人進來沒幾天就開始指責一切，發洩性的批判意義不大，我們期待的是分享性批判。

馬雲金句語錄

不能統一人的思想，但可以統一人的目標

百分之三十的人永遠不可能相信你，不要讓你的員工替你幹活，讓他們為我們的共同目標幹活。

高手的競爭論

一定要爭得你死我活的商戰，是最愚蠢的。

眼睛中全是敵人，外面就全是敵人。

競爭的時候不要帶仇恨，帶仇恨一定失敗。

真正做企業是沒有仇人的，心中無敵，天下無敵。

主管比員工多什麼？

領導永遠不要跟部屬比技能，他們肯定比你強，如果不比你強，說明你請錯人了。

要比眼光，比他看得遠；要比胸懷，領導的胸懷是委屈撐大的，要能容人所不容；要比實力，抗失敗的能力比他強。

人生在世在做人，不是做事

我們到這個世界上不是來工作，是來享受人生的，是來做人不是做事。如果一輩子都做事的話，忘了做人，將來一定會後悔。

細節、格局都好，太有才

「格」是人格，「局」是胸懷。細節好的人格局一般都差，格局好的人從來不重細節，兩個都幹得好，那叫太有才！

三、《BBC中文網·阿里巴巴創始人馬雲：當中國首富不快樂》

電子商務公司阿里巴巴的創始人馬雲也許是中國的首富，但是他在美國電視採訪中承認成為首富令他「很痛苦」。

根據《福布斯雜誌》編撰的數據，阿里巴巴集團九月在紐約上市後創下融資總額兩百五十億美元的紀錄，馬雲的個人財富也猛增至一百九十五億美元。周二（十一日）阿里巴巴在所謂的「光棍節」創下單日交易九十三億美元的紀錄。阿里巴巴在當日進行的促銷成為有史以來最大的網售事件。但周二馬雲在接受美國商業新聞頻道CNBC採訪時說，阿里巴巴上市成功和巨大的個人財富給馬雲帶來很大壓力。馬雲說自己這個月都不快樂，因為壓力太大了。

阿里巴巴的股價周二又經歷大幅上揚，閉市為一百一十四點五四美元，比當初在紐約上市時的價格上漲了將近百分之七十。

他說，可能是因為股價上漲，也許人們對他的期望很高，也許他自己想將來太多，擔心的事情太多。

馬雲說：「有錢是好的，但不是成為中國最有錢的人」，「當你成為最有錢的人，街上的人會用另一種眼光看你。我只想他們把我當成一個企業家，我只想做自己。」

馬雲曾經對中國媒體說，他最快樂的時光是他每月掙九十元人民幣（十五美元）工資的時候。他說正在探討建立基金會作慈善活動的可能，也可能同美國富翁比爾．蓋茨在慈善活動一較高下。

根據去年十月的胡潤報告統計，馬雲捐出其公司百分之一點四的股份給慈善基金，致力於環保、醫療和教育。

＊

閱讀完這三篇文章，想必是很有收穫的，因為這三篇採訪讓同學們有多層面的「發現」：

1. 發現「改變」的巨大力量。
2. 發現要成為有價值的人，需要多方的學習。

3. 發現要懂得欣賞自己，化缺點為長處。

4. 發現有錢不一定買得到快樂，要懂得將金錢發揮最大的功效才能快樂。

基於以上四點「發現」，我們來設想遇到以下四種類型的作文題目該如何運用？

1. 「想法改變了我」、「改變之後」、「改變是為了和更好的自己相遇」相關的作文題目，就可利用如下：

中國第一大互聯網站創辦人馬雲，是第一位登上《富比士雜誌》封面的中國企業家。馬雲的成功不是偶然，他了解「改變」是很重要的，他說：「有太多中國青年每天晚上想著千千萬萬條路，隔天早上起來還是走原路。」馬雲從小就對英文有興趣，考了三次大學，才考上杭州師範大學英語系。當年為了練好英文，每天下課就跑到西湖的五星級賓館對老外說：「我想學英文，我帶你遊市區觀光，我教你中文，你教我英文。」整整苦練八年才有今天一口流利的英文。馬雲說：「你要不斷改變自己，讓自己今天活得好活得強，才能看到後天的太陽。」他認為自己能成功在於：不畏懼變動的時代，也奉勸年輕人要能把握住所有變化，才看得到未來。

2. 「如何成為有價值的人？」、「成功的條件」相關的作文題目，就可利用如下：

中國第一大互聯網站創辦人馬雲曾奉勸年輕人：放棄就是最大的失敗；經歷磨難、委屈，才知道什麼叫堅強；要比別人多勤奮、多努力，理想，就是你的職責。他也提供了五個思考步驟，給年輕人檢視自己。其實若能做到這五點，我認為就具備成功的條件，能算得上是有價值的人。一、看：多看、多觀察、少發言。二、信：相信這家公司的未來、使命、價值觀，不信，就趁早離開。三、思考：思考自己在團隊中如何成為優秀的員工。四、行動：要堅持按道理辦事。五、分享：和同事有分享性的批判。總之，人格和胸懷是讓你成為「值得」的人的關鍵所在。

3.「欣賞自己」、「發掘自己」相關的作文題目，就可利用如下：

中國第一大互聯網站創辦人馬雲年少時，經常為了替朋友伸張正義而打架。他懂得化缺點為優勢，看到比他高大的對手也不退卻，因為他瘦小，人家不會防，所以進攻速度要快。這樣的性格，影響他日後創業總以「小蝦米對大鯨魚」。畢業於非名牌大學的馬雲，是個懂得發掘自己、欣賞自己的人，他說：「今天很殘酷，明天更殘酷，後天很美好，但大部分人死在明天晚上。」要欣賞自己的特質，就像和馬雲創業最初五年一直留下來的員工，他們從不認為自己很能幹，但現在都成了百萬富翁。

4.「精神與物質」、「我的金錢觀」相關的作文題目，就可利用如下：

中國第一大互聯網站創辦人馬雲在成為中國首富後，他表示壓力很大，相當不快樂，身邊的人都是因為錢接近你，走在街上也會被異樣眼光相待。這位白手起家的首富說他最懷念的是當老師時一週九十塊人民幣的時期。他希望將賺來的錢回饋社會，未來將成立慈善基金會。可見，精神才是生活的最高境界，金錢是物質，卻不是我們唯一的需求，但若能懂得運用金錢造福人類，就可見金錢高尚的力量。

同學們必須學習在有限的時間裡，充分利用自己閱讀的課外文章，一舉多「用」，才能事半功倍。

出版心語

近年來，全球數位出版蓄勢待發，美國從事數位出版的業者超過百家，亞洲數位出版的新勢力也正在起飛，諸如日本、中國大陸都方興未艾，而臺灣卻被視為數位出版的處女地，有極大的開發拓展空間。植基於此，本組自二〇〇四年九月起，即醞釀規劃以數位出版模式，協助本校專任教師致力於學術出版，以激勵本校研究風氣，提昇教學品質及學術水準。

在規劃初期，調查得知秀威資訊科技股份有限公司是採行數位印刷模式並做數位少量隨需出版（POD＝Print On Demand）（含編印銷售發行）的科技公司，亦為中華民國政府出版品正式授權的ＰＯＤ數位處理中心，尤其該公司可提供「免費學術出版」形式，相當符合本組推展數位出版的立意。隨即與秀威公司密集接洽，雙方就數位出版服務要點、數位出版申請作業流程、出版發行合約書以及出版合作備忘錄等相關事宜逐一審慎研擬，歷時九個月，至二〇〇五年六月始告順利簽核公布。

執行迄今，承蒙本校謝董事長孟雄、陳校長振貴、歐陽教務長慧剛、藍教授秀璋以及秀威公司宋總經理政坤等多位長官給予本組全力的支持與指導，本校諸多教師亦身體力行，主動提供學術專著委由本組協助數位出版，數量逾六十本，在此一併致上最誠摯的謝意。諸般溫馨滿溢，將是挹注本組持續推展數位出版的最大動力。

本出版團隊由葉立誠組長、王雯珊老師以及秀威公司出版部編輯群為組合，以極其有限的人力，充分發揮高效能的團隊精神，合作無間，各司統籌策劃、協商研擬、視覺設計等職掌，在精益求精的前提下，至望弘揚本校實踐大學的辦學精神，具體落實出版機能。

實踐大學教務處出版組　謹識

二〇一五年九月

少年・作文01　PD0033

國高中國文作文應考祕笈

編著／陳碧月
統籌策劃／葉立誠
文字編輯／王雯珊
封面設計／楊廣榕
責任編輯／陳佳怡
圖文排版／楊家齊

出版策劃／秀威少年
製作發行／秀威資訊科技股份有限公司
114 台北市內湖區瑞光路76巷65號1樓
電話：+886-2-2796-3638
傳真：+886-2-2796-1377
服務信箱：service@showwe.com.tw
http://www.showwe.com.tw

郵政劃撥／19563868
戶名：秀威資訊科技股份有限公司
展售門市／國家書店【松江門市】
104 台北市中山區松江路209號1樓
電話：+886-2-2518-0207
傳真：+886-2-2518-0778

網路訂購／秀威網路書店：http://www.bodbooks.com.tw
國家網路書店：http://www.govbooks.com.tw
法律顧問／毛國樑　律師

總經銷／聯寶國際文化事業有限公司
221新北市汐止區康寧街169巷27號8樓
電話：+886-2-2695-4083
傳真：+886-2-2695-4087

出版日期／2015年12月　BOD一版　**定價**／270元
ISBN／978-986-5731-43-4

秀威少年
SHOWWE YOUNG

國家圖書館出版品預行編目

國高中國文作文應考祕笈 / 陳碧月編著. -- 一版.
-- 臺北市 : 秀威少年, 2015.12
面； 公分
ISBN 978-986-5731-43-4(平裝)

1. 漢語教學 2. 作文 3. 中等教育

524.313 104024370

讀者回函卡

感謝您購買本書，為提升服務品質，請填妥以下資料，將讀者回函卡直接寄回或傳真本公司，收到您的寶貴意見後，我們會收藏記錄及檢討，謝謝！
如您需要了解本公司最新出版書目、購書優惠或企劃活動，歡迎您上網查詢或下載相關資料：http:// www.showwe.com.tw

您購買的書名：＿＿＿＿＿＿＿＿＿＿＿＿＿＿＿＿＿＿＿＿＿＿＿＿

出生日期：＿＿＿＿年＿＿＿＿月＿＿＿＿日

學歷：□高中（含）以下　□大專　□研究所（含）以上

職業：□製造業　□金融業　□資訊業　□軍警　□傳播業　□自由業
　　　□服務業　□公務員　□教職　□學生　□家管　□其它＿＿＿

購書地點：□網路書店　□實體書店　□書展　□郵購　□贈閱　□其他

您從何得知本書的消息？

□網路書店　□實體書店　□網路搜尋　□電子報　□書訊　□雜誌
□傳播媒體　□親友推薦　□網站推薦　□部落格　□其他＿＿＿＿＿

您對本書的評價：（請填代號　1.非常滿意　2.滿意　3.尚可　4.再改進）

封面設計＿＿　版面編排＿＿　內容＿＿　文／譯筆＿＿　價格＿＿

讀完書後您覺得：

□很有收穫　□有收穫　□收穫不多　□沒收穫

對我們的建議：＿＿＿＿＿＿＿＿＿＿＿＿＿＿＿＿＿＿＿＿＿＿＿＿

＿＿＿＿＿＿＿＿＿＿＿＿＿＿＿＿＿＿＿＿＿＿＿＿＿＿＿＿＿＿

＿＿＿＿＿＿＿＿＿＿＿＿＿＿＿＿＿＿＿＿＿＿＿＿＿＿＿＿＿＿

＿＿＿＿＿＿＿＿＿＿＿＿＿＿＿＿＿＿＿＿＿＿＿＿＿＿＿＿＿＿

請貼
郵票

11466
台北市內湖區瑞光路 76 巷 65 號 1 樓
秀威資訊科技股份有限公司 收
BOD 數位出版事業部

（請沿線對折寄回，謝謝！）

姓　　名：＿＿＿＿＿＿＿＿　年齡：＿＿＿＿　性別：□女　□男

郵遞區號：□□□□□

地　　址：＿＿＿＿＿＿＿＿＿＿＿＿＿＿＿＿＿＿＿＿

聯絡電話：(日)＿＿＿＿＿＿＿＿＿＿ (夜)＿＿＿＿＿＿＿＿＿＿

E-mail：＿＿＿＿＿＿＿＿＿＿＿＿＿＿＿＿＿＿＿＿